AF273644

ALEJANDRO MAGNO

FRANCISCO JAVIER NAVARRO

ALEJANDRO MAGNO
HÉROE, LÍDER Y CONQUISTADOR

EDICIONES RIALP
MADRID

© 2013 *by* FRANCISCO JAVIER NAVARRO
© 2024 *by* EDICIONES RIALP, S.A.
  Manuel Uribe 13-15, 28033 Madrid
  www.rialp.com

Dibujos de Luis Goñi Iturralde

Primera edición: 2013
Segunda edición: 2024

Preimpresión: produccioneditorial.com

ISBN: 978-84-321-6807-9
Depósito legal: M-14754-2024
Impreso en Estilo Estugraf, S.L.

No está permitida la reproducción total o parcial de este libro, ni su tratamiento informático, ni la
transmisión de ninguna forma o por cualquier medio, ya sea electrónico, mecánico, por fotocopia,
por registro u otros métodos, sin el permiso previo y por escrito de los titulares del *Copyright*. Diríjase a CEDRO (Centro Español de Derechos Reprográficos, www.cedro.org) si necesita reproducir,
fotocopiar o escanear algún fragmento de esta obra.

ÍNDICE

1. GRECIA

1. Un pueblo singular

Cuando un lector coge entre sus manos un libro de Historia de Grecia sabe en gran medida qué busca y lógicamente qué se va a encontrar: un mundo ciertamente alejado en el tiempo y por ello con muchos elementos incomprensibles y extraños, pero a la vez próximo y atractivo que le puede llegar a fascinar y a convertir en modelo de muchas pautas de comportamiento. Nunca ha dejado de sorprender en el devenir de la historia las vueltas constantes a la Antigüedad griega, los sucesivos renacimientos por los que ha pasado Europa a lo largo de su evolución. Parece como si no valiera saber que de esa península del Mediterráneo proceden buena parte de nuestros orígenes, sino que hay que volver a recordarlo una vez y otra para que nunca caiga en el olvido. Por ello cobra vital importancia saber qué es lo que ha buscado el hombre entre la ruinas de ese pasado lejano, por qué ese interés tan especial que no se ha dado en otras civilizaciones anteriores; por qué siempre lo mismo, un renacimiento tras otro en la propia historia de Europa; qué es lo que puede encontrar ese interesado lector de provecho en unos hombres y mujeres que sintieron de otra manera y que actuaron con parámetros bien distintos a los suyos.

Qué duda cabe que el nombre de Grecia está asociado al concepto de *clásico*: se ha convertido en un lugar común hablar de la Grecia clásica y así aparece en múltiples libros y alusiones. ¿Qué significa realmente el nombre de clásico y qué le aporta de especial a Grecia? En la lengua castellana se entiende por clásico aquel periodo de tiempo de mayor plenitud de una cultura o de una civilización, en el que se establecen teorías o modelos que son la base de su desarrollo posterior. Desde el punto de vista artístico o literario, clásico indica que las obras a las que se aplica poseen un valor absoluto, que constituyen el paradigma por el que se habrá de evaluar todos los demás. Para la cultura europea y por lo tanto para los que de ella viven o de ella se benefician, Grecia y también Roma, fueron momentos constitutivos, en los que se cimentó una peculiar visión del hombre y del mundo que le rodea. Cuando los humanistas del Renacimiento volvieron a leer los textos de tantos autores griegos y a deleitarse con las maravillas del arte grecorromano, los reconocieron como propios, encontraron muchos elementos familiares y al denominar a ese tiempo como clásico, lo convirtieron en paradigma y modelo de su propio mundo. Por ello, a pesar del paso de tantos siglos, Grecia sigue siendo algo cercano y explica el por qué de las continuas vueltas a su realidad histórica.

Fueron hombres griegos los que descubrieron la historia, la música y experimentaron todas las formas de literatura. Sus filósofos especularon sobre la naturaleza y sobre el ser del hombre, logrando llevar a la razón humana hasta cotas inimaginables. Ellos descubrieron la belleza y la plasmaron en múltiples manifestaciones artísticas que el paso del tiempo no ha hecho más que agrandar. Inventaron la democracia y experimentaron todos los tipos de organización humana. Descubrieron, en fin, que la guerra podía llevar su sello particular, y lo imprimieron profundamente. Todo lo anterior constituye

10

los méritos de por qué este pueblo ha merecido un puesto singular en la Historia.

¿Cómo podríamos definir en pocas palabras la civilización griega? En primer lugar podría decirse que esta era particularmente competitiva. Su geografía es extremadamente dura; su paisaje está cortado por múltiples montañas que forman cordilleras abruptas y yermas, complejas de atravesar y que provocan aislamiento e inseguridad. Grecia fue siempre una madre pobre y severa que negaba a sus hijos la mayor parte de sus necesidades, especialmente el alimento, y que los obligaba a luchar permanentemente por la supervivencia. La poca productividad del suelo griego, la escasez de materias primas, la dificultad en las comunicaciones, etc., provocaron que Grecia fuera siempre extremadamente pobre, coartando por ello la vida de sus habitantes. Sin embargo esto no provocó parálisis, sino todo lo contrario: los griegos lo aprovecharon para tomar mayor impulso. Ellos siempre afirmaron que la pobreza era su principal maestra en la temeridad y confianza en sí mismos. Ese permanente estado de necesidad provocó que la guerra fuera algo cotidiano; las disputas y riñas entre las polis griegas por causas banales se perdían en la oscuridad de la historia. Los griegos fueron extremadamente violentos por necesidad. Inventaron el arte de la guerra porque debían defender diariamente lo poco que tenían; la rapiña y el saqueo del vecino fueron una fuente permanente de rencores y violencias que tiñeron frecuentemente de sangre la tierra griega. Pero este espíritu competitivo y agónico lo emplearon mayormente para su bienestar, en un afán permanente de superación. Cada polis soñaba con superar a las demás; cada ciudadano aspiraba a emular en valor y sacrificio a los prohombres de su ciudad. Cada intelectual trataba de ir más lejos de lo que habían llegado sus antecesores. Sus fiestas y celebraciones siempre contaban con competiciones atléticas; hasta la tragedia, obra teatral que resumía como ninguna otra el alma griega, siempre era representada en un contexto competitivo.

11

La segunda característica de la civilización griega fue que esta siempre se desarrolló a escala humana, pues el hombre griego siempre se relacionaba con el mundo inmediato, y por ello cercano y familiar. La mitología griega nunca dio explicación de la creación o de los orígenes del hombre sobre la tierra. Ellos pensaban que eran realmente autóctonos, es decir, que procedían del mismo suelo (*autós cthonós*) y por lo tanto no eran originarios de ninguna otra parte. Esto llevó a Grecia a desconocer algo tan romano como era la capacidad de integración. Los griegos siempre despreciaron al extranjero, sobre todo si no hablaba su lengua, calificándolo peyorativamente como bárbaro. Siempre tuvieron problemas para entender el cosmopolitismo: teoría que solo apareció muy tarde en su evolución intelectual y que desarrollaron propiamente los romanos. El mundo griego era el mundo de la polis, o lo que es lo mismo, el mundo inmediato a cada persona: una ciudad y un territorio que este podía abarcar y donde se sentía plenamente seguro. Para el hombre griego su polis era mucho más que para el hombre moderno sus ciudades. La polis constituía todo su universo, todo su cosmos. En ella no solo encontraba seguridad, sino que se desarrollaba plenamente como persona. Entre sus muros se realizaba como ciudadano, cumpliendo sus obligaciones políticas, dando culto a sus dioses y honrando la memoria de sus antepasados. Fuera de la ciudad el hombre griego quedaba inerme y desamparado, perdiendo por ello buena parte de su condición humana. No es de extrañar por tanto que en esta sociedad las mayores penas que podían imponerse no fueran la muerte o la cárcel, sino el exilio o el ostracismo, que desgajaba al ciudadano de su comunidad, lanzándolo a un universo extraño y hostil.

2. El rapto de Europa

El pueblo griego tuvo a lo largo de su historia una fuerte dependencia de Asia y del Próximo Oriente. Sus mejores puertos y sus ciudades más avanzadas miraban hacia allí y por esta vía recibieron los griegos el impulso inicial para desarrollar su propia civilización. Los fenicios jugaron durante los inicios del primer milenio un notable papel de puente entre las viejas y ricas culturas orientales y los pueblos de Europa, más atrasados y dependientes, y los griegos no fueron una excepción en ello. Sin embargo, la relación con los pueblos de Asia nunca fue fácil. El primer libro de auténtica historia, redactado por Heródoto de Halicarnaso en el siglo V a.C., está consagrado a explicar y a detallar la vieja hostilidad entre Europa y Asia, personificada por entonces en griegos y persas. Según Heródoto, el padre de la Historia, todo empezó cuando una nave fenicia atracó en el puerto griego de Argos trayendo mercancías a los habitantes de la ciudad. Entre las mujeres que salieron a recibirles se encontraba Io, la hija del rey, joven de enorme belleza y cuya contemplación indujo al capitán del barco a secuestrarla y llevársela a Tiro como esposa. Este rapto fue el primero de otros muchos que sellarán la enemistad entre los dos continentes. A Io le siguió el rapto de Europa, hija del rey de Sidón que fue secuestrada por el mismísimo Zeus, padre de los dioses. El tercer secuestro fue el de Medea, hija del rey de la Cólquide, por parte de Jasón y los Argonautas que llegaron a aquellas tierras al oriente del Mar Negro en busca del famoso vellocino de oro. Por último, los asiáticos tomaron venganza con el secuestro más conocido de la Historia, el de Elena de Troya, esposa de Menelao, rey de Esparta, y raptada por Paris en una visita a esta ciudad. Heródoto menciona, y este era el sentir general de los griegos, que a cada rapto siguieron embajadas, de griegos a asiáticos y de asiáticos a griegos, reclamando la devolución de cada una de las jóvenes secuestradas. Sin embargo, los intentos de conciliación siempre acababan en mutuos reproches que no hicieron más que ahondar en el rencor y abrir un abismo de hostilidad que lanzará en su momento a griegos y persas a una guerra sin cuartel.

13

Los persas eran un pueblo más próximo a los griegos de lo que ellos mismos creían. Antes de que ambos entraran en la Historia, habían formado parte de una misma entidad y habían tenido una misma lengua: la indoeuropea. En fechas próximas al 2.000 a.C., tanto griegos como persas habían emigrado desde las estepas de Ucrania hacia sus respectivos destinos históricos. En el caso de los persas, tras atravesar la gran cordillera del Cáucaso y el norte de Babilonia, acabaron asentándose, junto a otras tribus, en la meseta del Irán. Los persas, más en particular, hallaron acomodo al sur de los medos, en la región de Ansán, junto a las costas del golfo que en el futuro llevará su propio nombre.

La gran oportunidad histórica de los persas llegó hacia el año 550 gracias a la resolución del rey Ciro que, tras librarse del sometimiento de los medos, comenzó una expansión militar muy parecida a la que en el futuro realizará Alejandro Magno. Los primeros pasos del imperio Aqueménida llevarán a Ciro a las costas del Egeo. En esos años de mediados del siglo VI el reino de Lidia se extendía por toda la franja occidental de la península de Anatolia y englobaba a las polis griegas de la costa del Egeo. Cresos, el rey lidio, decidió aprovechar el caos generado por la sustitución de los medos por los persas para cruzar el río Halys y atacar el renaciente imperio de Ciro. Este se vio obligado en el año 547 a responder y, tras rechazar la inclusión de Cresos, conquistó Sardes, su capital, y apresó al rey lidio que acabará sus días en una ciudad de la lejana Mesopotamia. Las ciudades griegas de la costa del Egeo y muchas islas próximas fueron cayendo en manos de los generales de Ciro y pasaron a depender del sátrapa persa de la ciudad de Sardes. La vida de estos griegos no se vio alterada sustancialmente con el cambio de poder; en todo caso se vio algo aliviada. Pasaron de depender del rey de Lidia, mucho más cercano a ellos y por lo tanto más interesado en su evolución interna, a depender de un rey lejano que desde Susa apenas oía hablar de sus cuestiones y no se inmiscuía en su autonomía si ellos mantenían la paz y el orden.

La expansión persa fue irresistible; en muy pocos años se conquistó Siria y Palestina, toda la Meseta del Irán y Afganistán; y el año 539 Babilonia, como la joya más preciada del nuevo imperio. Ciro murió el año 530 luchando contra los sacas, nómadas de las estepas del otro lado del río Oxo (Amu Daria), en la actual Turkmenistán. Su hijo Cambises (530-522) le sucedió en el trono y en la ambición de conquista. El año 525 entró triunfalmente en Egipto, incorporando el País del Nilo al reino de su padre. Su precipitada muerte natural el año 522 provocó una crisis sucesoria que favoreció el acceso al poder de Darío, también de origen Aqueménida, que va a llevar al Imperio persa a su máxima expansión.

Darío I (518-486) completó las conquistas anteriores extendiendo el imperio desde la Cirenaica (Libia) hasta la India; desde el Cáucaso hasta la ardiente Nubia, preparando lo que luego Alejandro Magno arrebatará a los persas. El mayor mérito de Darío no fue extender las fronteras hacia territorios colindantes, de escasa importancia, y sumarlos a las tierras que había recibido en herencia. Su gran papel fue darle forma y hacer funcionar un imperio complejo y abrumador. Dentro de sus dilatadas fronteras se extendían pueblos inmensos con lenguas y tradiciones dispares; con estadios de evolución totalmente contrapuestos, con escasa conciencia de formar parte de una unidad superior y lejanos a un rey del que apenas habían oído hablar y por lo tanto siempre amenazado por la sublevación o rebeldía. Ese imperio necesitaba de un mínimo de unidad y ello fue la titánica labor de Darío y de sus descendientes.

El imperio persa fue un imperio flexible y plural, donde el elemento ario o iranio apenas se dejó sentir, en favor de otros elementos culturales más aglutinadores. Darío impuso una administración bastante descentralizada al dividir el imperio en provincias o satrapías y entregarle prácticamente todo el poder de ellas a un sátrapa que actuaba como auténtico virrey de la región. Este administraba el territorio con bastante autonomía y solo se le exigía el mantenimiento del orden y de la seguridad, el pago de los impuestos y el cumplimiento de las levas y reclutamientos militares que en cada momento se le podían requerir. El rey contaba con unos funcionarios conocidos como los ojos y oídos de gran rey, que recorrían las satrapías transmitiendo instrucciones, vigilando la acción de los sátrapas y evitando cualquier intento de sublevación o golpe de estado. Por el contrario, la administración central era relativamente sencilla. Giraba en torno a la figura del monarca que constituía el elemento de unidad del imperio, y que residía normalmente en Susa o en Ecbatana (la antigua capital de los medos). Hasta él llegaban las cuestiones de gobierno y el cobro de impuestos para mantener la corte y el ejército persa, formado este por un grupo de élite denominado los diez mil inmortales, debido a que su número nunca se alteraba, pues cada muerte se reemplazaba rápidamente por un nuevo guerrero, y sobre todo por el ejército procedente de las levas de cada una de las satrapías. El ejército persa era tan plural como el propio imperio, y ahí residía su fuerza y su debilidad. Su fuerza porque cada rey podía movilizar a cientos de miles de soldados procedentes de todos los rincones del reino, y eso le otorgaba un poder pavoroso; también representaba su debilidad pues este ejército era excesivamente heterogéneo y desigual, ya que cada cual luchaba con sus armas tradicionales, de calidad muy variable según los conocimientos técnicos de cada uno, y tenían diversas concepciones de la guerra, de la disciplina, etc., según el estado de evolución histórica de los propios guerreros. Además, siempre supuso un enorme quebradero de cabeza conjuntar a fuerzas que hablaban lenguas muy extrañas unas a otras y que obstaculizaban la transmisión de las órdenes y el establecimiento de claros objetivos.

La convivencia entre griegos y persas fue inicialmente buena, debido al desinterés de estos últimos por lo que pudiera pasar en una frontera lejana y secundaria como era la Península de

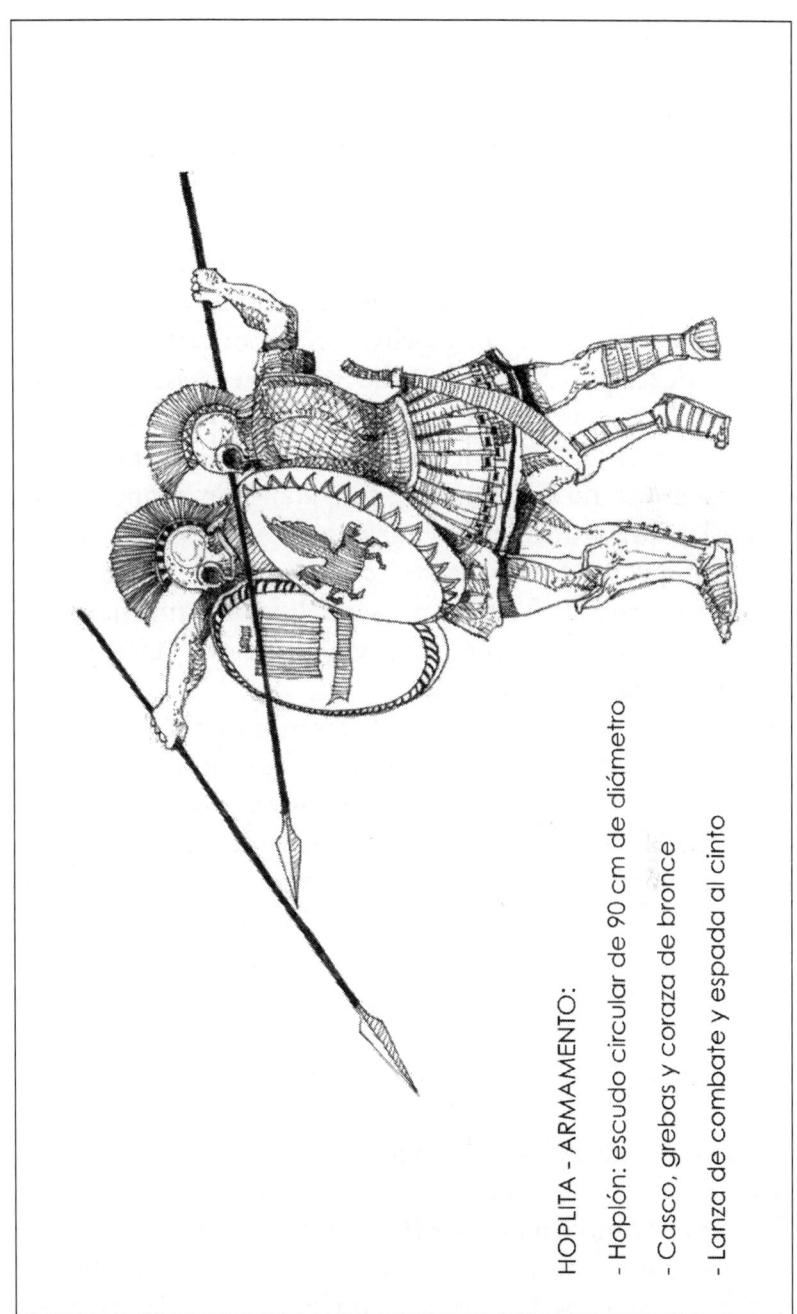

HOPLITA - ARMAMENTO:

- Hoplón: escudo circular de 90 cm de diámetro

- Casco, grebas y coraza de bronce

- Lanza de combate y espada al cinto

Anatolia. Sin embargo esa indiferencia comenzó a cambiar en hostilidad cuando el rey Darío concibió el proyecto el año 514 de convertir el Mar Negro en un mar persa. Para ello dos cuerpos de ejército comenzaron a ocupar simultáneamente la orilla oriental, el Cáucaso, y la occidental europea, lo que supuso una enorme amenaza para los griegos. Cuando el ejército de Darío tomó posesión de la Tracia, sometió a vasallaje a Macedonia y comenzó su expansión por la actual Bulgaria, los griegos advirtieron el grave peligro que sobre ellos se cernía; no solo por la proximidad física de las tropas persas, sino sobre todo porque estas podían cortar el suministro de alimentos sin el cual Grecia no podría sobrevivir. Como ya indicamos, el suelo griego no era suficiente para alimentar a tantas bocas como las que lo habitaban, por ello debían traer constantemente alimentos de fuera: cereales básicamente y productos de primera necesidad. A finales del siglo VI la principal fuente de suministros se encontraba en la actual Ucrania, objetivo último de la expansión persa.

La confrontación de griegos y persas se extenderá desde el año 500 a.C. hasta los años previos al reinado de Alejandro. Las sucesivas guerras dejaron profundos rencores entre ambos pueblos que los hicieron irreconciliables e incapaces de aprovechar las oportunidades de paz que se les ofrecieron. Los griegos consiguieron salvar su independencia en ocasiones señaladas, con batallas sorprendentes y exitosas como fueron las de Maratón (490), Salamina (480) y Platea (479), e incluso llegaron a causar perjuicios a los persas en batallas ofensivas como las que tuvieron lugar en la desembocadura del río Eurimendonte (468) o frente a la ciudad de Salamina de Chipre (451). Pero los esfuerzos griegos apenas inquietaron a los persas. El gigantesco imperio creado por Ciro y Darío no podía resentirse excesivamente de un conflicto de frontera como fueron las guerras médicas, y su decadencia provino exclusivamente de problemas internos y de la descomposición producida por luchas civiles estériles. Sin embargo, para los griegos, nuestra principal fuente de información, fue una epopeya digna de dioses: el defender su independencia e integridad frente a un enemigo tan poderoso como los persas.

3. En busca de una solución

Una guerra cruel y sangrienta puso fin a la época dorada de la Historia de Grecia: al llamado siglo de Pericles, a los años de las grandes victorias sobre los persas, al del teatro y de la sofística; al siglo que vio levantar la Acrópolis de Atenas a Fidias o se deleitó con las obras de Mirón y Policleto. La llamada Guerra del Peloponeso (431-404), que enfrentó a Esparta y Atenas, supuso el colofón brutal a tanta grandeza. El siglo IV, el siglo que verá el nacimiento de Alejandro Magno, fue muy problemático para los griegos que les tocó vivirlo. Entonces Grecia se vio azotada por nuevos y viejos problemas. La guerra, eterna compañera del andar histórico griego, hizo su aparición de modo persistente e implacable; el hambre y la crisis de subsistencia amenazaba casi diariamente la vida de tantos griegos; las luchas intestinas dentro de muchas ciudades por lograr cotas de poder destruyeron la esperanza; en fin, la sombra de Persia volvió a ensombrecer el horizonte de muchas ciudades griegas, especialmente en Asia Menor.

Pero el gran problema del siglo IV fue el de buscarle un sustituto a la polis, cuya realidad no satisfacía ya las aspiraciones de tantos griegos. La inseguridad de esos años y un futuro incierto provocó que la sombra de la duda se extendiese por muchos corazones, hasta tal punto que llegó a cuestionarse aquello que parecía imposible: ¿es la polis el mejor sistema de organización?; si la Grecia de la ciudad estado ha conducido a sus habitantes a guerras sin cuento y los ha acercado al mismo borde del abismo,

¿no sería mejor reemplazar el sistema de polis por otro más eficaz que garantice el bienestar de los griegos?

El gran debate del siglo IV fue el de la *politeia*, o lo que es lo mismo, la reflexión sobre la naturaleza de la ciudadanía y la organización del estado. A los pensadores e intelectuales de estos años les interesó el tema de la ley y su origen; su carácter inmutable o pasajero; la composición del cuerpo cívico y los criterios para acceder a las magistraturas; los fundamentos de la soberanía; etc. Fue una enmienda general a toda la historia anterior, provocada por la triste experiencia de esos años. Cada cual hizo sus propuestas y observaciones, que se podrían resumir en tres teorías. En primer lugar se encontraban aquellos que como Iságoras defendían una vuelta al pasado, a los años dorados de la polis, cuando esta se formó y se dotó de sus instituciones. A la Grecia del pequeño campesino, que defendía como hoplita a su ciudad de los peligros exteriores, y que luego como ciudadano participaba en la vida cotidiana de la polis. La Grecia de legisladores como Solón (593) o Clístenes (509) que crearon un sistema armónico de equilibrio entre el demos y los poderosos y que se manifestaba con formas democráticas. Por otro lado estaban aquellos que proponían como solución una ciudad ideal, no fundada sobre piedras sino sobre la razón humana, hasta hacerla tan perfecta como imposible. Pensadores de la talla de Platón (427-347) soñaron con una sociedad estructurada y armónica, donde cada cual tenía un papel que cumplir y realizaba aquellos trabajos para los cuales estaba especialmente preparado, y que estaría gobernada por filósofos y sabios interesados únicamente en el bien común. A él se podría añadir también Aristóteles (384-322) que creyó que la solución a los problemas de Grecia consistía en crear ciudades autónomas y autosuficientes, ya que la paz social sería el lógico fruto de tener satisfechas todas las necesidades vitales.

La tercera opción política fue sin duda la que más repercusión tuvo, pues dispuso el camino a la aceptación de Alejandro

Magno, ya que preparó a los griegos para la monarquía, una institución prácticamente desaparecida muchos siglos atrás en Grecia y que era tenida como sinónimo de barbarie y atraso. A lo largo del siglo IV comenzaron a circular auténticos elogios a la realeza, surgidos de una cierta envidia hacia la estabilidad que suponía la monarquía persa, que otorgaba paz y progreso a sus súbditos. Pronto se hizo normal hablar de reyes, e incluso se convirtió a Pericles en un auténtico rey sabio de la historia de Atenas. Para los defensores de esta solución, pensadores e intelectuales griegos muy cercanos a la política diaria, el monarca podría ser el valedor de la igualdad de todos los ciudadanos ante la ley, de la eficacia en la gestión de la polis y, por supuesto, el garante de la victoria ante la guerra. Claro es que el rey debía gobernar a través de sus virtudes y sabiduría y alejarse del tirano, cuyo poder violento y usurpador, siempre provocaba rechazo. Qué duda cabe que Alejandro llegó a conocer estas posiciones y a convertirlas en un criterio de actuación para su gobierno.

En definitiva, podría concluirse que lo que facilitó el ascenso de Macedonia al primer plano de la vida griega fueron las causas hasta ahora descritas: una Grecia sin liderazgo, marcada por continuas guerras locales, que desgastaban la vitalidad de tantas ciudades; una situación económica crítica que no permitía una recuperación razonable; y, por último, un ansia de reforma, de cambio político, que se sustanció en la mayor credibilidad y popularidad del régimen monárquico.

2. MACEDONIA

1. Los hijos de Zeus

El territorio que abarcaba Macedonia cuando Alejandro Magno vio la luz, era muy distinto a aquel que había sido el origen de su pueblo. Inicialmente los macedonios se formaron en las estribaciones del Monte Olimpo, de ahí que la leyenda haya atribuido a Zeus el origen directo de esta primitiva tribu griega, y solo con posterioridad se fueron extendiendo hacia el norte integrando a pueblos muy diversos.

Los primeros macedonios eran pastores que habitaban en torno a la cuenca del río Haliacmón y ocupaban las colinas de Pieria que subían hasta el imponente Olimpo de casi 3.000 metros de altura. El sitio escogido era especialmente bueno y saludable: abundaba en ricos pastos, tanto de verano como de invierno, donde el ganado caballar y lanar pastaba sin preocupación. Además, los bosques eran extensos y los árboles frutales daban muchas satisfacciones a sus habitantes. En zonas más bajas, próximas a Dío, el suave clima mediterráneo permitía toda clase de cultivos de huerta, de cereales, vino y aceite. Sus reyes procedían, según la misma tradición, de Argos y por ello mantuvieron siempre la sucesión dentro de la única familia de los Argaedas. Ellos fundaron la capital gracias al oráculo del dios Apolo de Delfos que les decía «ve rápidamente a Bútide, rica en rebaños, y en el lugar en el que veas cabras de cuernos brillantes y blancas como la nieve sumidas en el sueño, sacrifica a los dioses y funda la capital de tu estado sobre esa tierra». El resultado fue el nacimiento de Egas, que en dialecto macedonio significaba «corral de cabras». Esta ciudad, ubicada en el lado norte de las estribaciones del Olimpo, fue siempre un referente para los macedonios y en ella durante siglos se enterraron sus reyes y sus nobles más importantes.

Desde este núcleo original, los macedonios se fueron expandiendo, ganando nuevas tierras y pueblos para su historia. En primer lugar lo hicieron hacia el norte, hacia la fértil llanura costera en la que desembocaban el Haliacmón y el Axius, formando así lo que con el tiempo se llamará Baja Macedonia, rodeada por un circuito montañoso que la separaba de las altas llanuras del interior. A lo largo del siglo VI a.C., incorporaron la orilla izquierda del río Axius incluyendo los territorios de Migdonia y Crestonia, convirtiéndose en un espacio estratégico entre la cuenca del Danubio y el mundo griego, entre los tracios del Egeo y los ilirios del Adriático.

Desde esta época originaria hasta la llegada del primer rey plenamente histórico, las fuentes nos mencionan hasta seis monarcas. Pero del primer rey del que se puede estar seguro es Alejandro I (480-454) que formó parte del cortejo de Jerjes en su campaña contra los griegos. Los persas habían ocupado Macedonia unos años antes (510) y la habían convertido en un estado vasallo que cuidaba del flanco izquierdo de Darío en su intento de conquista del Mar Negro. Alejandro I se aprovechó de esta oportunidad y de su cercanía a Jerjes para lograr una segunda expansión hacia el interior, a la zona que superaba el primer círculo montañoso defensivo de Macedonia. La conquista de la Alta Macedonia incorporó las ricas llanuras interiores que se alzaba hasta 600 metros de altura sobre el nivel del mar y que englobaban los territorios de Lincos, Orestis y Elimeya. De esta forma quedará formada la Macedonia histórica estructurada en dos anillos montañosos concéntricos, fácilmente defendibles pero con muy diversa evolución: la Alta y la Baja Macedonia.

La desaparición de Alejandro I llevó consigo un claro retroceso de Macedonia hacia su espacio más nuclear, debido al enorme control que ejerció Atenas sobre todas las orillas del Egeo. La Alta Macedonia, aunque reconocía la soberanía del rey de Egas, quedó en la práctica desvinculada del resto y fue gobernada por pequeños principados y viejas estructuras tribales totalmente autónomos del rey.

La Guerra del Peloponeso y la destrucción de Atenas permitieron al rey Arquelao I (413-399) centrarse en un programa de inversión y mejoras en todo el país. El año 410 fundará la nueva capital de Pella, ubicada en una posición más central que la vieja Egas y dotada de las infraestructuras necesarias para gobernar un estado más avanzado. Además, renovó la red viaria, mejoró el ejército, las fortificaciones y los puntos de apoyo y vigilancia. Por último introdujo un ambicioso programa de helenización con la extensión de juegos atléticos y competiciones deportiva como forma habitual del culto macedónico. Su asesinato en 399 arrojará a Macedonia a una nueva parálisis motivada por la amenaza de los ilirios como también la de los estados griegos que se disputaban la hegemonía sobre Grecia: Esparta, Atenas, Tebas y la Liga Calcídica. No será hasta la llegada de Filipo II al poder (359-336) cuando Macedonia vuelva a salir de las crisis sucesorias y se haga con un lugar de privilegio entre las ciudades del mundo griego.

2. Los compañeros del rey

El futuro padre de Alejandro Magno fue el tercer hijo que sucedió al rey Amintas III (390-370) después de que sus hermanos mayores o fueran asesinados, como Alejandro II (370-368), o murieran en el campo de batalla, como sucedió con Perdicas III (368-359). Cuando los soldados de su hermano le proclamaron regente de su sobrino Amintas, menor de edad, Filipo se encontró un estado con un gran potencial pero en el que todo quedaba aún por hacer.

El principal problema a resolver era la especial estructura social de Macedonia. Una de las razones por las que los griegos discutieron si los macedonios pertenecían al mundo de la Hélade y, por lo tanto, si podían incorporarse en pie de igualdad a los grandes festivales panhelénicos como los demás estados griegos, no fue por su lengua, pues el macedonio era un claro dialecto griego, ni por su ascendencia heroica, ya que los reyes de Macedonia descendían directamente de Zeus a través de Heracles. Era la estructura política y social de Macedonia lo que más extrañaba y ponía en duda su carácter griego.

El primer elemento extraño era la especial condición de su monarquía, no tanto su existencia, que podría considerarse como un arcaísmo no excluyente, ya que en algunos estados griegos seguían existiendo monarcas como el caso de Esparta. Lo que más sorprendía a los griegos era la especial vinculación del monarca con su personal más próximo y con la nobleza. Todos ellos, incluido el rey, formaban una especie de comunidad de vínculos difíciles de explicar, que provocaba una cercanía singular. Rey y nobles eran responsables en el gobierno del estado, especialmente a la hora de la sucesión del propio monarca y la elección del príncipe heredero. Todos los nobles formaban el grupo de los compañeros (*hetaîroi*) o el de los amigos (*phílioi*) que el mismo rey escogía. Tanto el rey como sus compañeros debían estar accesibles al conjunto de los macedonios que formaban la asamblea popular, aunque sin aparentes atribuciones y sin una convocatoria regular.

Los vínculos permanentes entre la nobleza y el rey (al principio la situación de la Alta Macedonia era de total independencia) tenían sus consecuencias en el servicio militar, así como la participación de los jóvenes nobles en la categoría de los pajes. Esos vínculos llevaban consigo la posibilidad de la leva y el enrolamiento de cada uno de los territorios y comarcas de Macedonia. De estos vínculos cuasi familiares surgía el ejército, en el que la caballería tenía una importancia especial. En ella se integraban las mejores familias de Macedonia, acostumbradas a combatir en sus excelentes caballos, y constituían el grupo de los «amigos» del rey. La infantería macedonia procedía de la recluta de las distintas regiones del país, aunque en la Alta Macedonia las tradiciones tribales siguieron teniendo fuerza. El ejército estaría formado por unos 20.000 hombres, aunque en época de especial peligro podría ser superior. A la cabeza del ejército estaba el rey con sus amigos de la nobleza, que eran sus oficiales superiores. Macedonia nunca contó con una flota significativa y su renuncia a cualquier dominio del mar fue total. Sobre esta estructura tan complicada, en parte arcaica y feudal, Filipo II consiguió levantar un ejército moderno, que a partir de la estrategia hoplita de combate en falanges o en orden cerrado, introdujo los últimos avances en armamento, en técnicas de asedio y sobre todo en táctica militar.

Filipo II tuvo la suerte de conocer de primera mano las últimas novedades en el arte de la guerra. Con apenas catorce años (368) tuvo que partir hacia Tebas como rehén y garante de una alianza firmada entre Macedonia y la principal ciudad de Beocia, entonces en la cima de su poder. Allí tuvo probablemente la oportunidad de conocer a Epaminonda, un magnífico estratega que había innovado las tácticas de lucha en falange y había introducido el orden de ataque oblicuo con el que consiguió derrotar a los hasta ahora invencibles espartanos en la batalla de Leuctra (371). Además, Filipo II pudo formarse con abundante literatura en armas de asedio, en el uso de la infantería ligera y de la caballería. Ese bagaje le sirvió enormemente para la revolución a la que someterá al ejército macedonio.

CABALLERÍA DE LOS COMPAÑEROS - ARMAMENTO:

- Casco y coraza de bronce

- Lanza y espada larga

- Escudo según la ocasión

La gran novedad que introdujo Filipo fue el uso combinado de tropas armadas de diversa manera, que conjuntadas e integradas dotaban al ejército macedonio de una eficacia mayor. Hasta ese momento el ejército griego era relativamente uniforme. Desde el siglo VII se había desarrollado un tipo de soldado, el hoplita, que en el siglo IV había quedado obsoleto. El hoplita era un soldado ciudadano, habitante por lo tanto de una polis, que se costeaba completamente su armamento, sirviendo de este modo a su comunidad. Él portaba un amplio escudo circular llamado hoplón de aproximadamente 90 centímetros de diámetro; y sus defensas se completaban con un casco cerrado de bronce, un peto o coraza de diversas capas de lino reforzado y unas grebas o espinilleras. Como arma ofensiva tenía una lanza de madera dura de dos metros de longitud y una espada al cinto. Con este armamento de unos treinta kilos de peso el hoplita se presentaba al combate en orden cerrado, codo con codo con sus compañeros, procurando que la parte izquierda de su escudo protegiera el lado derecho de su compañero formando así una falange, normalmente de ocho guerreros en fondo. Lo esencial de este combate era no perder la cohesión y mantenerse todos unidos formando una línea compacta de combate.

A lo largo de su historia los griegos no cambiaron esencialmente su forma de lucha y apenas utilizaron otros recursos tácticos como la infantería ligera o la caballería, que casi siempre era un mero invitado en la batalla, esperando su momento de atacar cuando esta estaba ya casi decidida y solo cabía perseguir al enemigo en fuga. La única novedad significativa del siglo IV fue la aparición de mercenarios, o sea de soldados profesionales, que con las mismas tácticas anteriores aportaban solo una mayor experiencia en la guerra y mejor preparación.

Lo novedoso de Filipo II fue el abandonar este tipo de armamento y táctica a pesar del enorme prestigio que tenían en el mundo griego. Gracias al soldado hoplita, Grecia había conseguido sus éxitos militares más clamorosos, especialmente contra los persas, y era enormemente difícil renunciar a algo de eficacia probada. Sin embargo los macedonios lo hicieron y Filipo logró un uso combinado de la infantería y de la caballería sin paralelo en la historia militar.

La caballería macedónica era sin duda la fuerza de mayor prestigio pues estaba formada básicamente por los compañeros del rey: miembros de las familias más destacadas y por lo tanto, mejor preparadas para el combate. Un jinete luchaba con un yelmo abierto de metal que le daba mayor capacidad de visión que el viejo casco de origen corintio. Poseía una coraza de metal, faldellín de cuero y sandalias. Empuñaba una larga lanza, ligera y dura, que usaba para cargar contra el enemigo. Cuando esta se quebraba echaba mano de la espada larga y curvada que poseía, la cual tenía filo para cortar. Su formación disciplinada y en cuña permitía emplear a fondo la inercia del caballo, especialmente contra una infantería que hubiese perdido cohesión a la que atacaba por los flancos o retaguardia. La habilidad de tales jinetes debía de ser excepcional pues en esta época se desconocía la silla de montar y menos aún los estribos. El caballero debía dirigir a su montura con la fuerza de sus piernas, pues requería de las dos manos para blandir las armas.

La infantería macedonia fue sin duda lo que más atención requirió de Filipo pues no gozaba de la misma calidad y prestigio que la caballería. Sin abandonar del todo el tipo de soldado hoplita, que lo siguió utilizando en algunas unidades como los hipaspistas (los portadores de escudos), lo realmente significativo fue la introducción de la sarissa como arma fundamental de combate. Se trataba de una lanza o pica de unos cinco metros de largo, formada por dos vástagos que se encajaban en el centro y que se desmontaban para su mejor transporte. Contaba con una hoja de treinta centímetros en la punta, contrapesada por un regatón puntiagudo en la parte opuesta. El soldado que la empuñaba llevaba yelmo de metal abierto, coraza de lino, grebas de bronce, espada y un escudo de unos sesenta centímetros de diámetro que portaba sujeto al cuello por una cuerda, ya que el infante debía sujetar la sarissa con ambas manos. Integraban una falange compacta de ocho soldados en fondo, número que podría ampliarse a dieciséis o treinta y dos según las circunstancias. Su eficacia se basaba en la disciplina y en la coordinación de movimientos, pues en condiciones óptimas creaban una muralla de puntas que ninguna otra infantería era capaz de superar.

Junto a estos guerreros que formaban el núcleo básico del ejército macedónico, Filipo añadió unidades de apoyo, como infantería y caballería ligera, arqueros, lanzadores de jabalinas, etc.; además de expertos ingenieros que fabricaron para el rey modernas armas de guerra y de sitio como ballestas, catapultas y torres de asedio.

A estas unidades militares Filipo las adiestró para desarrollar especialmente una táctica denominada del yunque y del martillo, que luego perfeccionaría Alejandro Magno. Esta táctica implicaba el uso combinado de la falange de picas, los hipaspistas y la caballería de los compañeros. Las picas tenían como misión frenar el ataque inicial de los contrarios y en especial la infantería enemiga, como el yunque sostiene el metal, y cuando la fuerza enemiga se fuera debilitando la caballería entraba en acción golpeando duramente el flaco o la retaguardia, como lo hace un martillo sobre el yunque, hasta conseguir el total colapso contrario. Los hipaspistas funcionaban como el brazo que sostiene el martillo, servían de enlace entre la infantería y la caballería para que no se crearan huecos peligrosos.

De esta manera Filipo II le legará a Alejandro Magno un ejército disciplinado y eficaz, integrado por macedonios libres y no por mercenarios que, gracias al frecuente entrenamiento, alcanzó un grado de profesionalidad bastante notable. Por supuesto que este ejército hubiera sido ineficaz en manos de inexpertos generales. Macedonia tuvo la suerte de producir dos magníficas cabezas como las de Filipo y Alejandro, que sacaron todo el partido a aquello que su pueblo estaba en condiciones de entregarles.

FALANGISTA MACEDONIO - ARMAMENTO:

- Sarissa: lanza larga de cinco metros

- Yelmo, escudo y grebas

- Cota de lino reforzada

3. El retorno de los Heráclidas

Filipo era el tercer hijo del rey Amintas III y Eurídice. La fortuna quiso que sobreviviera a la muerte violenta de sus dos hermanos mayores y sucediera a Pérdicas II (368-359) cuando este pereció junto a 4.000 soldados luchando contra los ilirios. Los primeros meses del nuevo rey fueron difíciles, ya que hubo de librarse de diversos pretendientes al trono que aparecieron para disputarle el poder. Una vez afianzado en el trono se concentró en la pacificación de sus fronteras, tanto contra los tracios en el norte como contra los ilirios en el oeste. Estos acababan de causar muchas bajas al ejército macedonio, pero fueron derrotados por Filipo (358) que logró cerrar así diez años de paz permanente.

Una vez seguros el trono y las fronteras, Filipo inició una expansión imparable que le convertirá en una gran potencia griega. De alguna manera Macedonia vivirá con este rey la misma epopeya que los hijos de Heracles. Los reyes macedonios se consideraban descendientes de dicho dios griego y por lo tanto podían llamarse con todo derecho Heráclidas (hijos de Heracles). Según la mitología, éstos habían sido expulsados del Peloponeso y durante varias generaciones pugnaron por recuperar la tierra y la dignidad perdida. Los macedonios eran griegos por derecho propio, pero habían sido expulsados de la comunidad helena y muchos seguían cuestionando esta condición. Al igual que los Heráclidas lograron volver y colonizar el Peloponeso, Filipo logró para su pueblo un puesto notable en la comunidad griega.

La fortuna quiso sonreír especialmente a este rey, pues el momento escogido coincidía con una profunda debilidad de las grandes potencias griegas. Esparta, derrotada en la batalla de Leuctra (371) era una débil sombra de su pasado esplendor. Tebas, tras la batalla de Mantinea (362) había comenzado una larga decadencia, agravada por sus problemas para controlar el templo de Delfos. Y Atenas se encontraba en lucha con sus aliados a los que había intentado imponer su voluntad (357-355). Filipo empezó su expansión por la costa del Egeo conquistando las ciudades de Anfípolis y Pidna (357), Potidea (356) y Metona (355). Todas ellas tenían una característica común: eran colonias de Atenas o posesiones reclamadas por ella. De hecho la expansión de Filipo consistió en un enfrentamiento permanente con la que había sido la gran dueña del Egeo.

En los años siguientes Filipo va a centrar su atención hacia el sur, hacia Tesalia y la Grecia Central. Consiguió hacerse reconocer como miembro del consejo que administraba el templo de Delfos y ganar así capacidad de maniobra en los asuntos griegos. A la par, no desatendió las cuestiones fronterizas, especialmente con los tracios del norte. El año 350 pudo colocar a su cuñado Alejandro, hermano de Olimpia y tío de Alejandro Magno, como rey de Epiro, un territorio ilirio ubicado al suroeste de Macedonia, logrando al fin la deseada tranquilidad que le permitiera centrarse en los negocios griegos.

La ruptura definitiva con Atenas tuvo lugar el año 349. En esa fecha Filipo comenzó la conquista de la Calcídica, al este de Macedonia, cuyos habitantes pidieron ayuda a Atenas. Demóstenes consiguió que la asamblea ateniense votase a favor del envío de tropas para socorrer a Olinto, gracias al dinero que precisamente habían facilitado los persas. Sin embargo, cuando los atenienses llegaron a la ciudad, esta había sido arrasada y sus habitantes vendidos como esclavos (348). Atenas no consiguió parar a Filipo y al final tuvo que pedir una paz que se firmará el año 346 (paz de Filócrates), especialmente favorable a los macedonios, pues los atenienses tuvieron que reconocer las conquistas de Filipo a cambio de vagas promesas de no agresión.

Consciente Filipo II que el gran obstáculo de su expansión era Atenas, la que había sido hasta ahora la dueña del Egeo, tomó la decisión de continuar el enfrentamiento dentro de los límites que la paz de Filócrates le permitía. Auque no llevó a cabo ninguna acción armada, sí que aprovechó su posición política y sus recursos para desestabilizar a Atenas. Por medio de agentes secretos, de sobornos y regalos, o de intervenciones explícitas, se dedicó a perturbar a los aliados de Atenas, inmiscuyéndose claramente en sus asuntos internos. Esta realidad disgustó enormemente a los atenienses que el año 340 comenzaron a preparar una coalición de estados griegos contra Filipo.

El rey macedonio no esperó a que sus enemigos se organizaran. Durante los años previos había ido conquistando la costa tracia del mar Egeo y ahora concibió el proyecto de ocupar los estrechos que separaban Europa de Asia Menor. Él sabía que por la aguas del Helesponto (Mar de Mármara) cruzaba un intenso comercio que traía abundante grano del sur de Ucrania. Ese grano suplía la escasez de fruto del suelo griego y era de vital importancia para el alimento de las ciudades griegas, especialmente de Atenas. Si Filipo conseguía ocupar esos pasos podría estrangular cuando quisiera a los griegos matándolos de hambre. En la primavera del año 340 se dispuso a tomar Perinto, puerto importante en esa navegación. Sin embargo la ciudad resistió sus asaltos gracia a la ayuda recibida de Bizancio y de los persas del otro lado de los Estrechos. Antes de acabar el año Filipo intentó ocupar también Bizancio, fracasando igualmente debido a la intervención de Atenas y otra vez de los persas.

La reacción macedonia fue sorprendente. En vez de gastar fuerzas inútiles en una guerra de desgaste en torno a Perinto o Bizancio, Filipo decidió zanjar la cuestión militar tomando el camino hacia el sur con su ejército en busca de un enfrentamiento directo con sus enemigos griegos (339).

4. Una vieja hostilidad

La batalla final por la supremacía en Grecia se librará a los pies de la ciudad de Queronea, en la Grecia Central. Esta ciudad se encontraba en un lugar estratégico pues daba acceso a la llanura de Beocia, muy próxima a la desembocadura del río Cefiso en el lago Copas. Allí se encontraron Filipo y Alejandro Magno una coalición de ciudades griegas dirigida por Atenas y Tebas. Ambos ejércitos tenían fuerzas muy parejas: los macedonios habían traído 30.000 soldados de infantería y 2.000 de caballería y la coalición griega el mismo número de infantería y superior caballería hasta 3.800 jinetes.

Los aliados griegos llegaron antes al campo de batalla y escogieron el lugar exacto para librarla. Apoyaron su ala izquierda, integrada por la caballería ligera y por las tropas atenienses, en las elevaciones que llevaban a la acrópolis de Queronea. El centro fue ocupado por hoplitas de diversas ciudades aliadas y el lado derecho, el más digno y reforzado en la táctica hoplita, fue ocupado por los tebanos y especialmente por el batallón sagrado. Su estrategia era muy clara: formar una larga línea de 3 kilómetros de frente, asegurando los flancos tanto en la acrópolis de Queronea como en los pantanos que formaban los riachuelos próximos en el ala derecha. Su intención era no ser rodeados por la caballería y forzar a la falange enemiga a presentar un largo frente que obligara a los macedonios a desplegar su falange con escasa profundidad de hombres, lo que la debilitaría ante el ataque griego. Una vez roto el centro macedonio, los griegos pensaban bascular sobre su lado derecho, atrapando al enemigo en la zona pantanosa. Si esta estrategia no funcionaba y había que retirarse precipitadamente, los griegos tenían muy cerca el desfiladero de Cérata, en el que podrían refugiarse y continuar la lucha.

La mañana de la batalla, los primeros días de agosto del año 338, Filipo comprendió, con la magnífica intuición que heredó Alejandro, cuáles eran los planes de sus enemigos y se prestó a evitarlos. Desplegó su ejército de una manera sorprendente en un acusado ángulo agudo con respecto al enemigo: su ala derecha, mandada por él mismo, y formada esencialmente por los hipaspistas, estaba mucho más adelantada que el resto del ejército. El centro estaba ocupado por la falange de piqueros macedonios y en el ala izquierda Alejandro Magno, con dieciocho años, mandaba la caballería de los compañeros. Filipo fue el primero que entró en contacto con el ala izquierda griega, mientras el resto del ejército se mantenía a distancia. En un momento dado las tropas de Filipo simularon una retirada que los atenienses entendieron como la huida previa a la derrota y se lanzaron en su persecución. Esta maniobra forzó al centro griego a estirarse para mantener el contacto. Sin embargo el ala derecha de los aliados no se movió en esa dirección, pues temía que al apartarse de los pantanos fueran rodeados por la caballería macedonia. La acción precipitada de los atenienses provocó la aparición de un hueco en el centro griego, que era lo esperado por los macedonios. En ese preciso momento Alejandro Magno dirigió la caballería que él mandaba a través de las líneas enemigas y giró hacia la izquierda, para atacar a los tebanos y al escuadrón sagrado por la espalda. También Filipo reaccionó parando su retirada y volviéndose contra los atenienses hasta derrotarlos completamente.

La victoria macedonia fue contundente, marcando el comienzo de su total hegemonía sobre Grecia. Filipo renunció a la persecución y fue muy generoso con los derrotados, devolviéndoles a los muertos y prisioneros y firmando la paz en condiciones satisfactorias para todos. Solo Tebas, que había traicionado la alianza con Macedonia, recibió el castigo de albergar una guarnición macedonia en su ciudadela. El objetivo final de Filipo se manifestó en el invierno siguiente cuando embajadores de toda Grecia se reunieron, siguiendo su invitación, en la ciudad de Corinto. Allí expuso su propuesta de establecer una paz y libertad entre todos los griegos, prohibiendo ataques o guerras y garantizando también la integridad y la constitución política de todos los estados miembros. Todos los embajadores presentes juraron en nombre de sus polis este compromiso y así se constituyó un consejo (sanedrín) encargado de velar por el cumplimiento de los acuerdos, cuya presidencia (*hegemon*) recayó en Filipo.

Esta alianza, conocida habitualmente como la liga de Corinto, fue un éxito político del rey de Macedonia. En primer lugar, creaba unas bases legales para poder actuar en Grecia a su antojo. Al prohibir cualquier actuación agresiva de un estado miembro contra otro y contra Filipo y su descendencia, se aseguraba un instrumento de control que le reportaba muchos beneficios sin un excesivo desgaste. En segundo lugar, esta alianza le garantizaba la paz necesaria para poder afrontar su nuevo proyecto: la guerra contra Persia. Filipo sería incapaz de realizar ninguna campaña exterior con éxito si su retaguardia no estaba suficientemente garantizada.

En la primavera del 337, en la segunda reunión de la Liga de Corinto, Filipo expuso su gran plan: una guerra panhelénica de liberación y de venganza contra los persas. Así se rescatarían las ciudades griegas de Asia Menor del yugo del gran rey y se castigarían los sacrilegios cometidos por los persas en las Guerras Médicas (480-479). Para este objetivo un ejército greco-macedonio debía cruzar los Estrechos y proceder a expulsar a los persas. En la primavera del 336 una avanzada integrada por 10.000 hombres y mandada por Parmenión y Átalo cruzó los Estrechos y estableció una cabeza de puente en espera de que la fuerza principal estuviera preparada para seguir directamente a Filipo a la guerra.

Sin embargo, Filipo no pudo realizar su sueño de conquista. En el mes de julio del 336 se celebró en Pella el matrimonio de Cleopatra, la hermana de Alejandro Magno, con su tío Alejandro de Epiro. Una procesión portando las estatuas de los doce dioses olímpicos, además de la del propio Filipo, debía ser el momento culminante de los festejos. Los dos príncipes, Alejandro Magno y Alejandro de Epiro, entraron en el teatro precediendo al rey. Este hizo su aparición en solitario y desarmado, circunstancia que fue aprovechada por un paje del propio monarca llamado Pausanias, para asesinarle a la vista de todos los macedonios y de todos los embajadores de Grecia. La muerte de Filipo paró la expedición a Asia y precipitó el ascenso de Alejandro Magno al trono.

3. TROYA

1. El hijo de Aquiles

«Canta oh diosa la cólera del Pélida Aquiles; cólera funesta que causó infinitos males a los aqueos y precipitó al Hades muchas almas valerosas de héroes». Con estos versos comienza Homero su famosa *Iliada*, fechada tradicionalmente hacia el 750 a.C. En los veinticuatro libros que la componen se recoge la fase final de una guerra que duró diez años y que enfrentó a los aqueos de Grecia con los troyanos de Asia Menor. Más en concreto, la obra relata las divergencias surgidas entre Agamenón y Aquiles por la posesión de una muchacha llamada Briseida y de cómo la desunión de ambos produjo auténticos estragos en el bando griego, estando a punto de perder una guerra que casi tenían segura. La solución a las disensiones se produjo cuando Héctor mató en el campo de batalla a Patroclo, estrecho amigo de Aquiles, creyendo equivocadamente que era este. El deseo de venganza provoca el regreso de Aquiles al campo de batalla; mata a Héctor en duelo singular y aunque morirá heroicamente poco después, colabora de esta manera a la definitiva caída de Troya.

Los dos libros atribuidos a Homero, la *Ilíada* y la *Odisea*, fueron para los griegos la base de su cultura. Con ellos todos aprendían a leer, buscaban consejo entre sus páginas, y los citaban frecuentemente. En la obras de Homero los griegos encontraban el fabuloso mundo de los héroes, dioses y semidioses, comportándose como si fueran comunes seres humanos, sometidos a la tensión de las mil circunstancias de la vida diaria. Por sus páginas corren los cuentos maravillosos, las alegorías y parábolas más sorprendentes, que integran siempre el mundo del mito y del lenguaje simbólico. Eran libros que formaban parte de la vida de los mismos griegos y que no podían faltar en las bibliotecas de sus casas. Pero el valor de Homero no residía en que los griegos creyeran fácilmente las fantasías que leían. Grecia llegó a alcanzar la cumbre de la razón y no se dejaría engañar por explicaciones tan infantiles como las atribuidas a Zeus, Apolo o a Poseidón. Los griegos encontraban en Homero mucho más. Platón en su libro sobre *La República* llegó a decir que «Homero ha formado Grecia, que leyéndolo se aprende a gobernar y dirigir los negocios humanos y que no puede hacerse cosa mejor que regirse por sus proyectos». El mito fue aceptado, no porque creyeran ciegamente en él, sino porque era esencialmente un lenguaje de comunicación. No se ha conocido ninguna civilización sin mitos, porque todas las culturas encuentran en él una manera bella de contar lo que saben y sienten. Homero representa en Grecia la primera fase del dominio de este lenguaje. A través de sus imágenes se expresa el primer intento de comprender la naturaleza y el papel que juega el hombre dentro de ella. La diferencia entre Homero y Sócrates no estaba tanto en los mensajes como en la forma de articularlos o de presentarlos. Por eso el mito, como lenguaje y medio de comunicación, no terminó nunca de desaparecer de la historia de los griegos.

La *Ilíada* está centrada en torno a la figura de Aquiles, una de las leyendas más ricas y antiguas de la mitología griega. Fue hijo de Peleo, rey de Ptía en Tesalia, y de la diosa Tetis, hija de Océano. Desde niño fue entregado a los cuidados del centauro Quilón, que lo educó para ser un héroe. Su madre, nada más nacer, lo bañó en las aguas del Estigia, el río del infierno, y se volvió invulnerable salvo en el talón por el que le sostuvo. Casó con Deidamía con la que tuvo un hijo llamado Neoptólemo, que más adelante habría de llamarse Pirro (el pelirrojo).

Acudió con su amigo Patroclo a la llamada de Agamenón para luchar contra Troya, aportando cincuenta barcos y un escuadrón de mirmídones. Su madre antes de partir le advirtió de que si iba a Troya su fama sería inmensa, pero su vida muy breve; en cambio, si se quedaba en casa viviría muchos años pero sin gloria. Aquiles no lo dudó un segundo y prefirió ir en busca de fama y botín. El décimo año de asedio de la ciudad de Troya, Agamenón le arrebató a Briseida y Aquiles como venganza se negó a luchar contra los troyanos, estando estos a punto de quemar las naves griegas. Su muerte acaeció por una flecha que Paris le lanzó y que Apolo supo conducir hasta su talón, único punto mortal de su cuerpo. Los griegos lo enterraron en Troya junto al mar, pero su madre arrebató su cuerpo y lo depositó en la Isla Blanca, junto a la desembocadura del Danubio.

Sobre el nacimiento y primeros años de vida de Alejandro Magno se conservan muy escasos datos. Solo algunas cartas atribuidas a él, pero cuya autenticidad ha sido muy cuestionada. Prácticamente toda la información de esta etapa procede de la *Vida de Alejandro* de Plutarco (siglo I d.C.), el cual recoge muchas anécdotas, que no son siempre auténticas. Nació del matrimonio entre Filipo II y Olimpia, hija de Neoptólemo rey de los molosos en Epiro, el año 356, inmediatamente después de la toma de Potidea por su padre. Su nacimiento estuvo rodeado de signos premonitorios como el incendio del templo de Artemisa en Éfeso, la victoria de Filipo en los Juegos Olímpicos y de Parmenión sobre los ilirios, indicando todo ello lo excepcional de su destino.

En el palacio de Pella Alejandro recibió la educación propia de un príncipe destinado un día a ser rey. La caza era una actividad frecuente, apropiada para fortalecer al joven y desarrollar sus habilidades guerreras. La equitación también constituía un capítulo fundamental. Alejandro tenía fama de ser un magnífico jinete y de conocer muy de cerca el temperamento y control de los caballos. Una de las pocas anécdotas seguras de su infancia fue la que narra el encuentro con su caballo favorito, Bucéfalo, cuya marca de hierro era precisamente una cabeza de buey. Al parecer le presentaron a Filipo este magnífico ejemplar, el cual nadie había conseguido domar hasta entonces. Cuando parecía que iba a ser rechazado, Alejandro se acercó al caballo y hablándole amablemente le forzó a dirigir su cabeza hacia el sol, para que no pudiera ver su propia sombra, que era lo que le alteraba y convertía en indomable. A la vista de todos Alejandro consiguió montar a Bucéfalo y lanzarlo a una galopada que provocó la admiración general, especialmente del rey que mostró el orgullo por su hijo. Alejandro permaneció muy unido toda su vida a este caballo y cuando murió en la India lo lamentó profundamente.

Alejandro contó con muy buenos maestros que cuidaron de su educación. El primero de todos fue Leónidas, un pariente de su madre, que era considerado una persona severa. Él enseñó al príncipe las virtudes de la austeridad y el sacrificio, que siempre fueron una nota característica de Alejandro. Lisímaco le enseñó la literatura griega. El orgullo que sentían los reyes macedonios por su pasado griego les llevaba a tener un profundo conocimiento de los poemas homéricos y de las demás manifestaciones del genio griego. A Alejandro le apasionaba la *Ilíada*, que conocía perfectamente gracias a sus continuas relecturas, y en particular le fascinó la figura de Aquiles, antepasado suyo por línea materna. Su vida fue una continua epopeya, un relato épico en el que él se sentía protagonista, como un nuevo Aquiles, deseando imitarle en una vida militar, llena de gloria aunque fueran pocos los años para vivirla.

El maestro que más huella dejó en Alejandro fue sin duda Aristóteles (383-322). Hijo de un antiguo huésped de la corte macedonia, fue llamado por Filipo el año 343 para encargarse personalmente de la educación del joven. Aunque Aristóteles no había escrito aún sus obras fundamentales, por las que pasará a la historia del pensamiento universal, ya tenía una amplia fama y reconocimiento. Él se encargó de los últimos pasos de la educación intelectual del joven príncipe. Junto a otros vástagos de familias importantes de Macedonia repasaron las grandes obras de la literatura griega. La *Iliada* otra vez, pero también las obras poéticas y las tragedias, especialmente las de Esquilo, el favorito de Alejandro. A ello se sumó el estudio de las ciencias naturales: plantas, animales y astros del firmamento, la medicina y por supuesto la filosofía, especialmente la ética y la política, que completaron los conocimientos que un futuro rey debía tener.

2. Una casa con problemas

Las circunstancias familiares en la corte de Filipo II no fueron posiblemente las más apropiadas para un joven príncipe, pues las diferencias entre su padre y su madre fueron constantes y a veces extremadamente violentas. Olimpia pertenecía a la dinastía de los Eácidas, que gobernaban Epiro por generaciones y reivindicaban una descendencia directa de Aquiles. Su matrimonio con Filipo II en el 357 la llevó a residir en la corte de Pella. Allí se encontró con un monarca polígamo (Filipo llegó a tener hasta siete mujeres) que tardó mucho tiempo en reconocer su posición. Sin duda, por su origen, Olimpia destacaba en distinción sobre las demás esposas y su papel en la corte se vio reforzado al darle enseguida al rey un hijo varón (356). A pesar de tener otras esposas (Olimpia fue la cuarta), Filipo no tuvo más hijos varones que Alejandro y su hermanastro Arrideo, hijo del rey y su segunda esposa Filinna, pero que debido a una deficiencia mental no podía aspirar a la sucesión al trono.

Cuando Alejandro alcanzó la edad de diez años Filipo comenzó a tratarle como su heredero, y por ello Olimpia adquirió un gran prestigio entre las otras esposas. En la monarquía macedónica no existía un lugar destacado o un título formal para la primera o principal mujer del rey, ni tampoco para el príncipe heredero. Aunque Alejandro y su madre tenían una posición preeminente, esta era siempre incierta pues todo podía cambiar de la noche a la mañana según las preferencias del rey. Desde siempre la monarquía macedónica se había visto sacudida por asesinatos e intrigas y, en una corte llena de esposas reales y de muchos potenciales herederos, las tensiones y choques frontales debieron de ser frecuentes.

Plutarco atribuye la dura relación entre Olimpia y Filipo II a que la madre de Alejandro influyó determinantemente en la educación del joven. No solo escogió a sus primeros maestros, Leónidas y Lisímaco, sino que acentuó en él la importancia de su ascendencia materna, que se remontaba hasta Aquiles, más que la paterna, que partía del mismísimo Hércules. En particular, Alejandro recibió de ella los valores homéricos propios de Aquiles; en especial la exaltación de la virtud (*areté*), el valor y valentía en la guerra, el afán de victoria, la venganza ante el honor dañado, la camaradería, etc., todos ellos fundamentos que marcaron la infancia y juventud de Alejandro. A Filipo no le gustó nada que su heredero valorase más sus aspectos menos macedónicos, en favor de otros que consideraba ajenos y más primitivos. Todo ello, junto a frecuentes disensiones sobre la formación del joven, llevó a Filipo y a Olimpia a frecuentes conflictos que el tiempo solo consiguió agravar.

La primera tarea oficial de Alejandro la recibió a los dieciséis años. Su padre había iniciado el asedio de Perinto, seguido del de Bizancio, a fin de conquistar los Estrechos y completar la ocupación de todo el norte del Egeo. Durante la ausencia del rey, Alejandro asumió el título de regente, y por lo tanto quedó a cargo de todos los asuntos de Macedonia. Su trabajo debió de ser satisfactorio pues el año 338 su padre le entregó el mando de la caballería de los compañeros en la batalla de Queronea con solo dieciocho años. Su brillante actuación en la ruptura del centro griego hizo que aquel día los macedonios consiguieran una victoria brillante y fundamental. En el campo de batalla Alejandro se ganó completamente la admiración y fidelidad de todo el ejército.

Sin embargo, las relaciones entre padre e hijo se enrarecieron seguidamente. Filipo decidió casarse con su séptima esposa, Cleopatra la sobrina de Átalo, un destacado macedonio. La presencia de una nueva reina en la corte y la posibilidad de que engendrara un hijo varón, complicaron la situación de Olimpia y de Alejandro. Durante la celebración del matrimonio Átalo brindó por un heredero legítimo entre Filipo y su sobrina. Alejandro, que estaba presente en la sala, le arrojó su copa acusándole de insulto al llamarle a él bastardo, pues deducía que el matrimonio de su madre había sido ilegítimo. El vino y la tensión hicieron que padre e hijo acabaran enfrentándose, lo que provocó la huida de Olimpia a la corte de su hermano en Epiro y el exilio de Alejandro entre los ilirios. La mediación de Demarato de Corinto y el hecho de que Cleopatra engendrara a una niña favoreció la reconciliación y el regreso de Alejandro y de su madre de sus destierros. A partir del 336, la posición de Alejandro se fue consolidando por la ausencia de competidores en la corte; circunstancia en la que se encontraba cuando su padre fue asesinado por Pausanias.

3. Alejandro, rey de Macedonia

El control de la corona a la muerte de Filipo era fundamental para Alejandro. La monarquía macedónica no contemplaba la inmediata sucesión de padre a hijo en el trono. Desde muy antiguo, el ejército, que agrupaba a los macedonios mayores de edad, había ostentado el privilegio de escoger directamente al sucesor entre aquellos candidatos de su preferencia. En este caso todos se inclinaron por Alejandro, que desde el principio contó con el apoyo de importantes y significativos generales de su padre: especialmente Parmenión, Antípatro o Alejandro el Lincesta. Al resultado de la elección ayudó sin duda la buena gestión de la regencia del año 340 y sobre todo la actitud y valentía de Alejandro Magno en la batalla de Queronea.

En el otoño de ese mismo año Alejandro tuvo que demostrar sus dotes guerreras y diplomáticas. Al frente de un pequeño ejército se dirigió hacia el sur, con la intención de ser reconocido por las ciudades griegas como el *hegemon* de la Liga de Corinto y renovar los juramentos hechos a su padre de emprender la guerra contra los persas. Superó a unas tropas que le cerraban el paso al desfiladero de Tempe y llegó perfectamente a Larisa, donde fue nombrado cabeza de la liga tesalia y se le prometió la colaboración de los tesalios con la mejor caballería ligera que había por entonces. En Corinto se reunieron los embajadores de casi todas las ciudades griegas, que no tuvieron ningún problema en aceptarle como *hegemon* de la liga y garante de la paz en Grecia. Una vez asegurado su liderazgo sobre Grecia, regresó a Macedonia.

Al llegar la primavera del año 335 Alejandro se puso al frente del ejército macedonio, unos 25.000 soldados de a pie y 5.000 de caballería, para una campaña que le llevará hasta el interior de los Balcanes y el Danubio. Su intención era obtener el sometimiento de las tribus tracias del norte, especialmente de los tríbalos. La estabilidad de la monarquía macedónica descansaba en unas fronteras consistentes y seguras contra el asalto de tribus bárbaras. Además, si como se había visto el año anterior, Alejandro deseaba iniciar pronto la guerra contra los persas, la seguridad frente a los tracios era una cuestión irrenunciable. Por ello Alejandro se internará profundamente en la actual Bulgaria

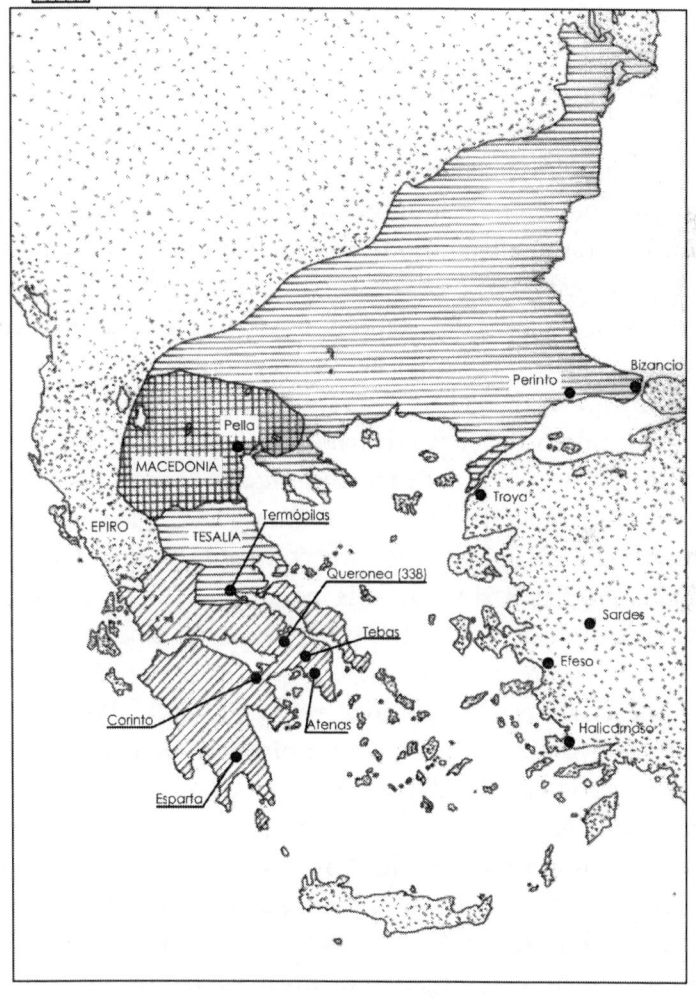

IMPERIO BALCÁNICO

Territorio de Macedonia

Expansión de Macedonia

Polis griegas

remontando el río Estrimón y llegando con normalidad hasta la llanura central.

En esta campaña Alejandro demostró que estaba preparado para luchar en todo tipo de circunstancias y ante enemigos muy diversos. En estos meses se comprobó su capacidad de improvisación y adaptación al terreno, resolviendo magníficamente todo tipo de situaciones complicadas. La primera fue la travesía del monte Hermo, divisoria de aguas entre el Egeo y el valle del Danubio. Próximos al paso de la montaña se habían concentrado los tracios, atrincherados tras una larga hilera de carros. Alejandro advirtió que la intención del enemigo era lanzar cuesta abajo sus carros cuando la infantería macedonia se acercase. Para evitarlo, ordenó maniobrar a sus soldados a fin de que, en los lugares donde fuera imposible esquivar los carros, se refugiasen bajo los escudos y así no sufrir daño cuando estos pasaran por encima. Una vez superado el obstáculo la infantería cargó contra los defensores dispersándolos completamente. Al día siguiente, y gracias a la rapidez de sus hombres, cogió desprevenido a un numeroso ejército de tríbalos y los derrotó, dejando en el campo de batalla más de tres mil muertos enemigos.

Tres días más tarde llegó al Danubio y se dirigió directamente hacia su desembocadura, donde contactó con una flotilla macedonia que había sido enviada por delante. Para explorar la orilla izquierda del río y obtener el sometimiento de los getas, hizo pasar una parte de su ejército por la noche y sorprendió al amanecer a estos, causándoles miles de bajas. Tras todo esto Alejandro permaneció unos cuatro meses en esta zona, haciéndose reconocer por sus habitantes y obligándolos a juramentos de lealtad. Una anécdota de este momento relata el encuentro del rey con un grupo de galos que habían venido a su encuentro. Alejandro, queriendo averiguar qué habían oído de él y qué fama tenía, les preguntó qué es lo que más temían. Ellos, sabedores de que no eran objetivo de los macedonios, no le dieron al rey la satisfacción de escuchar lo que él quería, sino que le respondieron que lo que más temían era que el cielo les cayese sobre sus cabezas.

Ya próximo a acabar el verano, Alejandro se enteró de la nueva amenaza de algunas tribus ilirias en las proximidades de la actual capital de Albania, Tirana. Los sublevados aspiraban a reunir mayores fuerzas y proceder a asaltar las fronteras de Macedonia. Antes de que el peligro fuera a más, Alejandro atravesó la Alta Macedonia y se presentó ante la ciudad de Pelio donde se estaban congregando sus enemigos. Allí el rey demostró su enorme habilidad para luchar contra un ejército mucho más numeroso y salir vencedor desde posiciones desventajosas. El paso del desfiladero del Lobo y la posterior derrota de los ilirios se debió a la magnífica disciplina de sus soldados y a la excepcional coordinación de sus tropas.

Sin embargo, esto no fue el fin de su campaña de verano. Hasta él llegó la noticia de la sublevación de la ciudad de Tebas. La larga estancia de Alejandro en el norte, la falta de noticias y el rumor de que había muerto en batalla, provocaron que los tebanos se levantaran una vez más y, tras matar a varios oficiales macedonios, intentaran acabar con la guarnición allí establecida. Además, habían pedido ayuda a Atenas y a otras ciudades griegas que veían en ello la oportunidad de librarse del yugo macedónico.

Alejandro, a marchas forzadas a través de las montañas del interior de Grecia, llegó antes de lo esperado a las puertas de Tebas, con tiempo de impedir la reunión de las fuerzas aliadas. La inesperada llegada de Alejandro frenó a muchos griegos y dejó a los tebanos completamente solos. A pesar de que Alejandro intentó lograr la rendición de la ciudad, esta fue tomada al asalto por la infantería macedonia. Con Tebas se tomó la decisión de un castigo ejemplar debido a la reiterada ruptura de sus juramentos. La ciudad fue completamente destruida y los supervivientes vendidos como esclavos. Ninguna represalia tomó Alejandro con los que planeaban rebelarse. A finales de octubre reunió a los embajadores de las ciudades griegas en Corinto donde acordaron los últimos detalles de la expedición contra los persas. Los griegos aportarían 7.000 soldados de a pie, 600 jinetes y 160 barcos, que con la tripulación llegaron a sumar hasta 30.000 hombres. Nada más quedaba por hacer para que el sueño de Alejandro se cumpliera que esperar la llegada del buen tiempo el año siguiente.

4. ASIA MENOR

1. De los dioses acepto Asia

Una de las lecturas que junto a la *Ilíada* más influyó en la formación de Alejandro fue la *Anábasis* de Jenofonte (c. 431-354). Esta obra relata la participación de un contingente de tropas griegas de unos 10.000 hombres en las luchas dinásticas del Imperio persa. El motivo de esta «expedición hacia el interior» (*anábasis*) fue el intento del príncipe persa Ciro de desbancar del trono a su hermano mayor Artajerjes II (404-359) recientemente coronado. La fragilidad del rey, la rebelión e independencia de Egipto y las intrigas en la corte debilitaron su prestigio hasta hacer concebir a Ciro la ambición de arrebatarle el trono. Para ello organizó un fuerte ejército al que sumó el referido contingente de mercenarios griegos, en el que participaba el ateniense Jenofonte. Sorprendentemente ese ejército pudo cruzar casi todo el imperio hasta llegar a las cercanías de Babilonia sin haber sido interceptado. Cerca de la aldea de Cunaxa se libró la esperada batalla entre los dos hermanos (401). Ciro murió en el transcurso del combate, quedando ya sin sentido la causa que defendían los griegos. Estos intentaron llegar a un acuerdo con

Artajerjes II y al no conseguirlo decidieron retirarse ordenadamente hacia el norte bajo las órdenes del propio Jenofonte. Tras 1.500 kilómetros de marcha por el interior del Imperio persa y tras haber resistido lo indecible, consiguieron llegar al Mar Negro unos 8.000 supervivientes.

Alejandro Magno aprendió muchísimo de Jenofonte. Grabó en su memoria nombres de ciudades y ríos, pasos montañosos, carácter de los indígenas, fortificaciones y tácticas militares persas, etc. Pero lo que más le aprovechó fue comprender cuán débil era el Imperio persa. Quizás le llamó especialmente su atención el texto de Jenofonte que decía «cualquiera que se fijase podía ver que el imperio del rey era poderoso por la amplitud del territorio y el número de los hombres; pero con las grandes distancias y la dispersión de las fuerzas, resultaba débil contra quienes hicieran la guerra con rapidez» (*Anab.* 1.5.9). A todos había sorprendido la facilidad con la que un grupo de mercenarios griegos pudo entrar tan profundamente en el imperio y luego salir con casi la misma facilidad. Ello era prueba de la superioridad militar y moral de los griegos frente a los asiáticos. Para Alejandro la *Anábasis* de Jenofonte demostraba claramente el estado real del Imperio persa.

El ejército que iba a conquistar Persia se congregó en Anfípolis en marzo del 334. Las fuerzas terrestres se elevaban a unos 44.000 soldados de a pie y 4.100 jinetes. El núcleo del ejército eran los 12.000 soldados macedonios, repartidos entre los 9.000 de las falanges de sarissas (*pezhetairoi*) y los 3.000 de los batallones de hipaspistas (portadores de escudos). Igual número aportaban los aliados griegos de Macedonia: unos 12.000 infantes. Las ciudades griegas de la Liga de Corinto sumaron 7.000 soldados, a lo que habría que añadir unos 5.000 mercenarios, en su mayoría griegos. Por último había 8.000 soldados más procedentes de muy variados lugares como cretenses, tracios, ilirios, etc. La caballería presentaba proporciones muy parecidas: 1.800 jinetes macedonios integraban la caballería de los compañeros. Los tesalios, cuya fama de jinetes era inmensa ya desde época de Homero, contribuyeron con otros 1.800 y los aliados balcánicos sumaron 900. Por último los griegos de la Liga de Corinto enviaron a la expedición 600 jinetes.

Veinte días más tarde todas las fuerzas alcanzaron Sestos, en la Península de Galípoli, dispuestas a cruzar de Europa a Asia. Alejandro vivió el paso como una reminiscencia de la *Iliada* de Homero y con un fuerte carácter simbólico. Antes de embarcar se acercó a la tumba de Protesilao, primer griego que pisó Troya y también el primero de ellos en morir, donde le rindió honores. Al frente de las embarcaciones que cruzaron a su ejército, Alejandro fue el primero en desembarcar, clavando inmediatamente su lanza en el suelo y pronunciando la famosa frase: «de los dioses acepto Asia, ganada por la lanza». Muchos historiadores han entendido que Alejandro en este momento era plenamente consciente del paso que acababa de dar y de su honda significación. Estaba cambiando la historia del mundo, pues él ya no era un simple rey macedonio y el *hegemon* de los griegos; era un auténtico rey enviado por el destino para unificar Europa y Asia, y acabar así con siglos de guerras y rencores. No sería para sus nuevos súbditos asiáticos un rey déspota y malvado, sino el monarca de todos, pues a partir de entonces griegos y asiáticos serían exactamente iguales. Asia dejaba de ser un rico botín a ganar para ser el nuevo reino en el que gobernar.

Mientras el ejército se desplegaba, Alejandro se acercó a Troya donde sacrificó a Zeus y Atenea, especialmente para calmar el espíritu de Príamo, que había sido muerto por Neoptólemo, hijo de Aquiles, su antepasado. También se acercó a la tumba de este mismo héroe que se encontraba cerca del mar y allí le rindió honores. Entre tanto los persas habían organizado un ejército aunando las fuerzas de los sátrapas locales. Este ejército contaba con una fuerte caballería de 20.000 jinetes y con una infantería de 20.000 mercenarios griegos y se había congregado en la ciudad de Zelea, a no muchos kilómetros al este de donde había desembarcado Alejandro.

La estrategia persa consistía en obligar al rey a apartarse de la costa y de las ciudades griegas donde podría encontrar apoyos y obligarle así a penetrar hacia el interior, alejándolo de Europa y de sus líneas de comunicación. Incluso pensaron en practicar una táctica de tierra quemada y encerrarlo en una trampa lejos de donde pudiera recibir ayuda. Sin embargo optaron por presentar batalla junto al río Gránico y desplegaron allí sus tropas. En primera línea y cerca de la ribera los persas colocaron a su caballería, que constituyó siempre lo mejor de su ejército; más atrás de la llanura, en segunda línea y apoyados en una suave ladera, se encontraban los 20.000 mercenarios griegos. Los persas no terminaban de confiar en ellos y por eso los situaron en una posición donde al cabo no iban a intervenir en los momentos decisivos.

A finales del mes de mayo la vanguardia de Alejandro contactó con los persas hacia el mediodía. Las decisiones tuvieron que ser tomadas con rapidez. Parmenión aconsejó a Alejandro que no atacara inmediatamente, pues aunque tenían el sol de espalda, la ribera del Gránico era especialmente empinada y ello junto a la corriente del río podría provocar un desastre si se intentaba cruzar buscando el choque directo contra el enemigo. Alejandro le respondió que el mismísimo Helespónto (Mármara) se lamentaría de su fortuna si él, que no temió cruzarlo, se retirara frente al simple río Gránico. Aparte de esta frase, Alejandro comprendió que los persas habían cometido un grave error táctico: al colocar la caballería en primera línea la encerraban entre el río y su propia infantería, de tal manera que su capacidad de acción se veía enormemente limitada por falta de espacio. En segundo lugar, esa misma disposición hacía que la infantería, más retrasada, solo pudiera entrar en combate si la caballería era derrotada o se retiraba. En definitiva, los persas se habían desplegado de tal manera que solo podían usar a la vez la mitad de sus tropas.

Alejandro libró una magnífica batalla en terreno desigual gracias al uso combinado de todas sus fuerzas, básicamente infan-

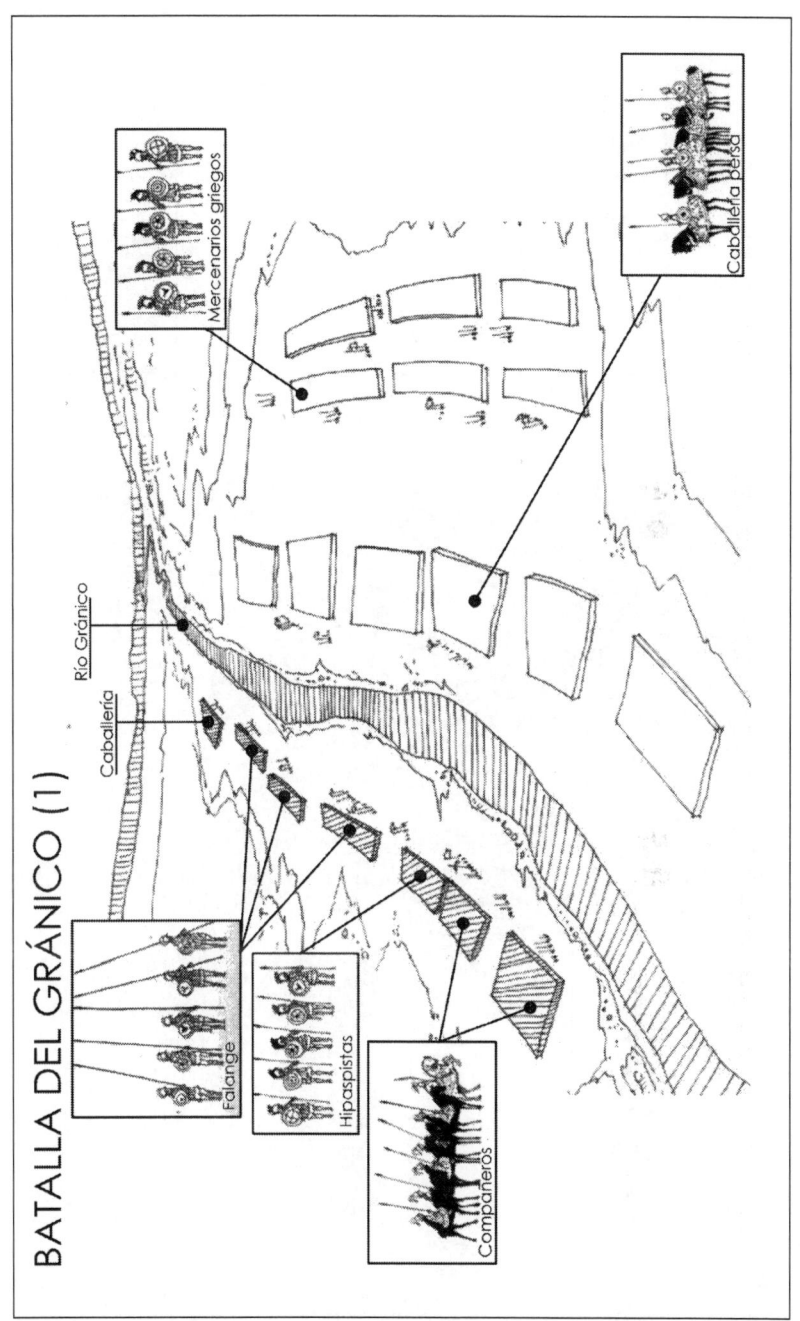

BATALLA DEL GRÁNICO (1)

BATALLA DEL GRÁNICO (2)

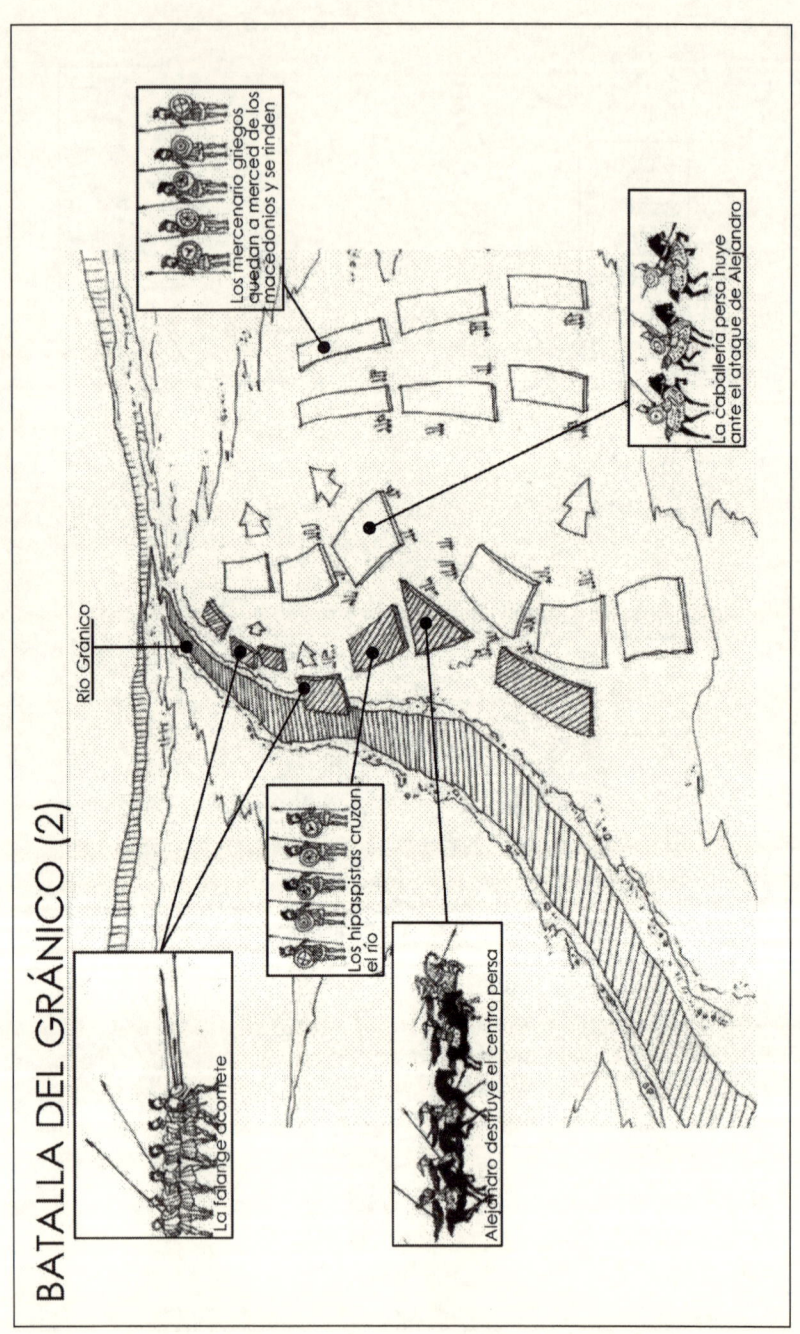

Los mercenarios griegos quedan a merced de los macedonios y se rinden

La caballería persa huye ante el ataque de Alejandro

Río Gránico

Los hipaspistas cruzan el río

La falange acomete

Alejandro destruye el centro persa

tería, caballería y unidades móviles. El protagonismo lo asumió como siempre su ala derecha, donde él mismo combatía. Mientras que una parte de esa ala cruzaba el río intentando rodear el ala izquierda persa, él con la caballería pesada y los escuadrones de hipaspistas golpeaba duramente el centro enemigo. A la par, la falange macedonia consiguió cruzar el río ordenadamente y rechazó los ataques del ala derecha persa. En poco tiempo la caballería persa se dio a la fuga dejando a la infantería mercenaria griega a merced de las tropas macedonias. Toda resistencia se vino a bajo cuando los macedonios rodearon completamente a los hoplitas griegos, acabando con casi la totalidad de estas fuerzas. Alejandro demostró en Gránico la superioridad de la caballería y de la infantería macedónica frente a la caballería persa, hasta ahora lo mejor del imperio, a la par que sobre la vieja falange de hoplitas griegos, que vio cercenada así largos siglos de historia.

2. El encuentro con el destino

Muchas ciudades griegas de Asia Menor celebraron la victoria de Alejandro en Gránico, expulsando a sus dirigente propersas y enviando coronas de oro como señal de sometimiento, como por ejemplo Esmirna o Éfeso. Sin embargo, otras tan importantes como Mileto o Halicarnaso, que contaban con fuertes guarniciones persas, mantuvieron su fidelidad a Darío III. Ello implicaba que la campaña podría ser larga y aunque se había conseguido mucho en Gránico, una guerra de asedios largos y complicados podría malbaratar la feliz victoria. Nada más enterrar a los muertos habidos en la batalla de Gránico, Alejandro puso rumbo hacia la ciudad de Sardes, capital de la región de Lidia. La ciudad era la sede del sátrapa persa y arranque de la calzada real, la gran carretera que unía el Egeo con Susa, la capital persa; por ello su ocupación era imprescindible. Sardes contaba

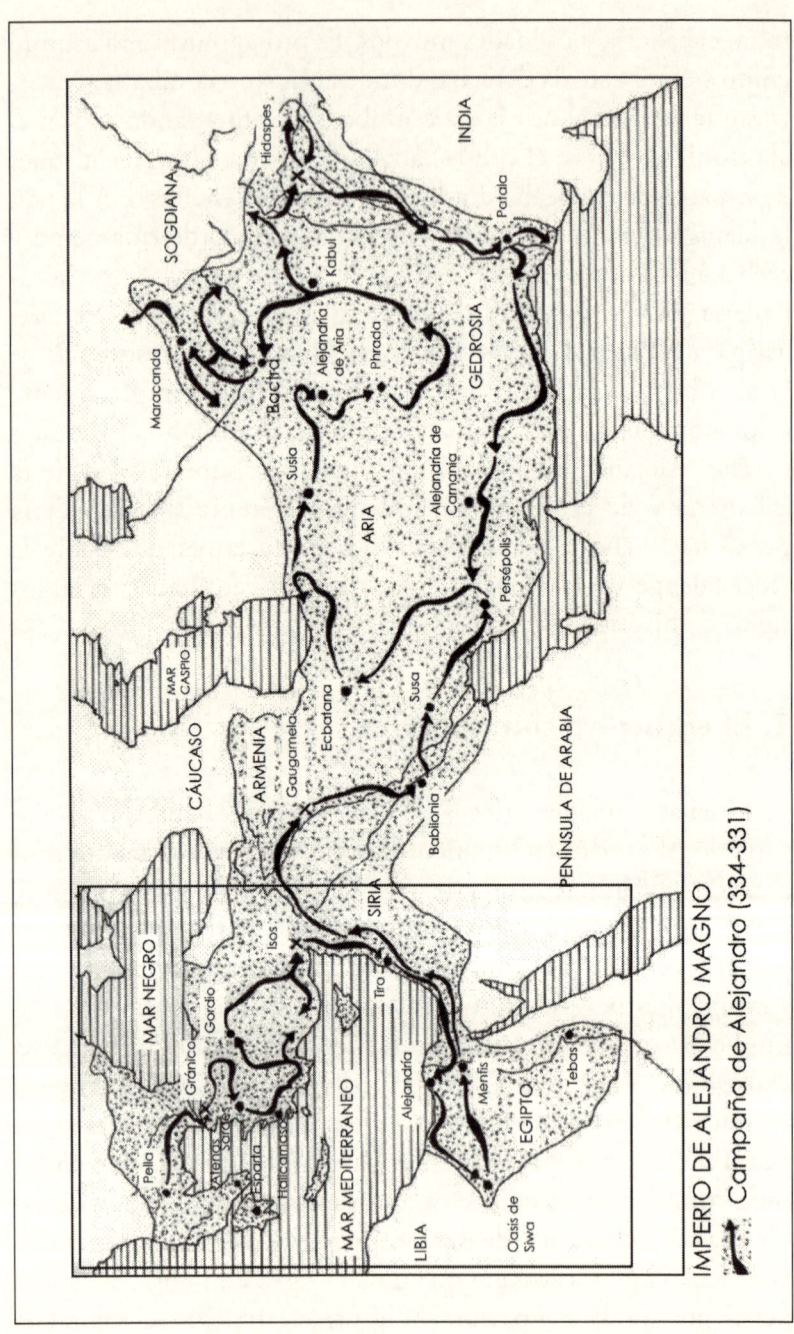

IMPERIO DE ALEJANDRO MAGNO

Campaña de Alejandro (334-331)

con unas magníficas murallas y una ciudadela prácticamente inexpugnable. Sin embargo, para sorpresa de todos, Mitrene, el comandante de la ciudad la rindió a Alejandro sin luchar, el cual tomó posesión de la plaza.

En la ciudad de Sardes Alejandro acertó con una decisión muy importante en la línea de integrar completamente su nuevo reino. El trato que le dio a Mitrene fue excepcional pues lo mantuvo en su corte, lo usó como traductor y le entregó posteriormente la satrapía de Armenia para que la gobernara (331). Esto sorprendió mucho, pues no era lo esperado. Los griegos consideraban a los asiáticos como bárbaros y por lo tanto sometidos a su imperio y su depredación. Todos esperaban que los asiáticos fueran esclavizados y tratados como tales y, de la venta de estos, sacar un enorme beneficio. Pero Alejandro no lo hizo así, ya que trató a todos con respeto y dignidad. Los nuevos súbditos mantuvieron en general sus viejas leyes y tradiciones y no se les impuso ninguna obligación más que los impuestos que ya pagaban y las contribuciones militares a las que estaban acostumbrados. La consecuencia fue la enorme aceptación de los nuevos gobernantes entre la población local.

En estos momentos iniciales de sus campañas Alejandro pondrá las bases de la futura organización del reino. En vez de nombrar gobernadores al estilo persa, o sea sátrapas con todo el poder en sus manos, comportándose como auténticos reyes locales, desarrolló un sistema novedoso consistente en dividir los poderes del sátrapa entre tres, separando el mando militar de un lado, de los poderes civiles de otro y del cobro y administración de impuestos en último lugar. Así favorecerá una mejor administración y sobre todo que ningún representante de Alejandro pudiera acumular tal poder como para soñar en una rebeldía.

Los siguientes pasos de Alejandro fueron muy delicados. Con la caída de Éfeso y de Mileto se le planteaba un problema estratégico. Su línea de comunicación con Europa a través de los Estrechos se había ido alargando en la medida en que avanzaba hacia el sur, con la amenaza de que un ejército persa, que descendiese del interior de Anatolia hacia el Egeo, pudiera cortar esa línea en dos causándole serios problemas; que se verían agravados si la gran flota persa que actuaba en la zona se combinaba con los atacantes. La solución fue atrevida, como era siempre todo lo de Alejandro. Decidió dividir su ejército y enviar a casi toda la caballería y buena parte de la infantería a ocupar el interior de Anatolia para prevenir ese ataque, mientras él continuaba, con un ejército más móvil y rápido, la ocupación de la costa del Egeo. Mientras Permenión marchaba desde Sardes por la calzada real hacia Frigia, él se dispuso a tomar la ciudad de Halicarnaso.

El invierno del 334 al 333 fue muy complicado para Alejandro. Halicarnaso era un bastión importante de los persas y contaba con un magnífico puerto, base de operaciones de la flota. Mientras estuviera en manos del enemigo constituiría para los macedonios un serio peligro a sus espaldas. La ciudad poseía un poderoso sistema defensivo de murallas de más de veinte metros y con fosos amplios y profundos. Además, la ciudadela interior no desdecía de la primera línea de defensa. La conquista de la ciudad fue dura y sangrienta y solo pudo realizarse gracias a los ingenieros de Alejandro, que le entregaron la mejor balística del momento. Con las catapultas y bayestas mejoradas de los macedonios, se pudo tomar una ciudad que años antes nadie hubiera conseguido.

Los primeros meses del 333 los pasó Alejandro en el sur de la Península de Anatolia, en las regiones de Caria y Panfilia, mientras Parmenión conquistaba el interior. Su plan estratégico tenía tres objetivos: en primer lugar conquistar toda la costa sur a fin de evitar que la flota persa pudiera encontrar puertos en los que actuar y atacarle desde la retaguardia. Alejandro no contaba con una armada que pudiera igualarse a la persa, por eso evitó cualquier enfrentamiento en el mar. Sin embargo, sabía que los barcos de remos como los de la época no podían operar sin numerosos puertos de apoyo. Por ello concibió el plan de derrotar a su enemigo, no en el mar, sino en la tierra, evitando que los barcos pudieran atracar y forzarlos a rendirse sin luchar. El segundo objetivo estratégico era confluir con Parmenión en el corazón de Anatolia y completar su conquista. Frigia era una de las zonas más ricas de la Península, con una agricultura muy desarrollada y con pastos abundantes para sus caballos. Su ocupación le daba alimento para sostener a su ejército y una posición central para controlar todo lo ya ganado. El último paso estratégico sería la conquista de la parte oriental y el descenso hacia el suroeste, que abría las puertas del Próximo Oriente.

Alejandro llegó a Frigia a finales de abril y hasta el mes de julio dirigió directamente con todo el ejército la conquista del centro de Anatolia. La capital de esta región se llamaba Gordio y en el templo principal encontró Alejandro un carro de combate que había pertenecido al rey Midas. Este carro tenía una gran maroma de cuerdas que formaba un intrincado nudo en la cruceta que unía el yugo para los caballos y la viga que conducía a la plataforma del conductor. Un viejo oráculo prometía el gobierno de toda Asia a aquel que deshiciera tan complicado nudo, lo que hasta ahora nadie había conseguido. Alejandro se acercó a él y tras comprobar que era imposible deshacerlo por el método habitual, y para no quedar mal ante sus soldados, sacó la espada y en varios golpes destrozó la maroma completamente. Todos coincidieron en que se había cumplido el oráculo, pues este no indicaba el modo en el que debía deshacerse. La propaganda oficial supo sacarle partido al acontecimiento, presagiando el éxito de Alejandro en su conquista de toda Asia. El destino seguía acompañándolo muy de cerca.

3. Con Darío cara a cara

Ya avanzado el verano del 333 Alejandro podía alegrarse por la conquista de toda la parte central y occidental de Anatolia. Su posición se había vuelto más sólida al tener comunicaciones fluidas y seguras con su retaguardia. Sus reservas de alimentos eran suficientes para todo el ejército y los impuestos comenzaban a llegar con regularidad, lo que le permitía pertrechar a los soldados y pagar a sus mercenarios. Además, la flota persa, que siempre había sido una amenaza, había perdido a su comandante en jefe, Memnon, y Darío había retirado de ella a todos los mercenarios griegos, lo que la convertía en casi inofensiva. Por eso Alejandro se decidió a poner en marcha la tercera fase de su plan de conquista: ocupar Capadocia y dirigirse hacia el sureste en busca de las puertas de Siria.

Su avance sobre la ciudad de Tarso fue rapidísimo, impidiendo que los persas, que dominaban la llanura de Cilicia, pudieran reaccionar con eficacia. En Tarso Alejandro cayó enfermo por causas desconocidas lo que le obligó a guardar cama durante varias semanas. Las fuentes antiguas relatan en este contexto una anécdota que debió de ser cierta y que demostraba el grado de confianza al que podía llegar Alejandro con los que le rodeaban. Un día su médico Filipo le estaba administrando unas medicinas cuando el rey recibió un mensaje de Parmenión con la noticia de que Filipo había recibido mucho dinero de Darío III y que posiblemente se trataba de un traidor. Alejandro, que tenía mucha confianza en él desde antiguo, se tomó primero el brebaje y luego le entregó la nota al médico, queriendo indicar con ello que no la creía y que dejaba su vida completamente sus manos.

Los meses de agosto y septiembre pasaron muy rápidos. A comienzos de octubre llegó hasta el campamento de Alejandro en Tarso la noticia de que Darío III había concentrado un notable ejército en Babilonia y que se disponía a ir en su busca. Alejandro no perdió el tiempo ni esperó a que Darío llegara hasta él. Con la ayuda de Parmenión conquistó el resto de Cilicia y ocupó toda la costa, para que los persas no tuvieran apoyo naval ni pudieran desembarcar a sus espaldas, cortando sus líneas de comunicación. El objetivo que se había marcado Alejandro era tomar la ciudad de Isos, pues esta era el punto de intersección de los dos pasos que conducían de Anatolia hasta Siria: por un lado el desfiladero del monte Amano más al este de la ciudad y el paso de Jonás hacia el sur. Alejandro estableció su campamento base en Isos donde dejó la impedimenta y a los heridos. Su estado mayor le aconsejó que marchara hacia el sur y que esperara a Darío en la llanura al norte de Antioquía, rica en pastos y alimentos para su ejército, lo que le supondría una notable ventaja estratégica. Cuando Alejandro se encontraba a más de dos días de distancia al sur de Isos le llegó la noticia de que Darío, al que creía más lejos, había cruzado a través del monte Amano y se encontraba en su retaguardia, cortando sus comunicaciones. Las nuevas circunstancias obligaban a retroceder y a ir en busca del ejército persa.

Darío había reclutado de las satrapías centrales y orientales del imperio un poderoso ejército. Estaba integrado por lo mejor de la caballería persa que sumaba hasta 30.000 jinetes, a los que habría que añadir unos 60.000 cardacos, guerreros persas armados al modo hoplita, y multitud de hombres formando la infantería ligera, arqueros, etc. Por si fuera poco, Darío reclutó también unos 30.000 mercenarios griegos altamente cualificados, que suponían una temible fuerza de choque. Todo este formidable ejército fue desplegado al sur de Isos, a lo largo de la ribera del río Pínaro. Como había pasado en Gránico, los persas escogieron un escenario parecido para librar su batalla con Alejandro. Las orillas escarpadas de este río dificultaban el paso a cualquier formación cerrada de soldados y por ello fue especialmente escogido por los persas para desplegar en él las tropas. Estas formaron a lo largo del cauce, desde su desembocadura hasta que se adentraba en unas colinas escarpadas, disponiéndose primero la caballería, como ala derecha, luego los cardacos, en el centro los mercenarios griegos y por último otra vez los cardacos y más caballería en el ala izquierda persa.

La intención de Darío estaba muy clara: la extremada pendiente de la orilla norte (donde estaban los persas) hacía im-

BATALLA DE ISOS (1)

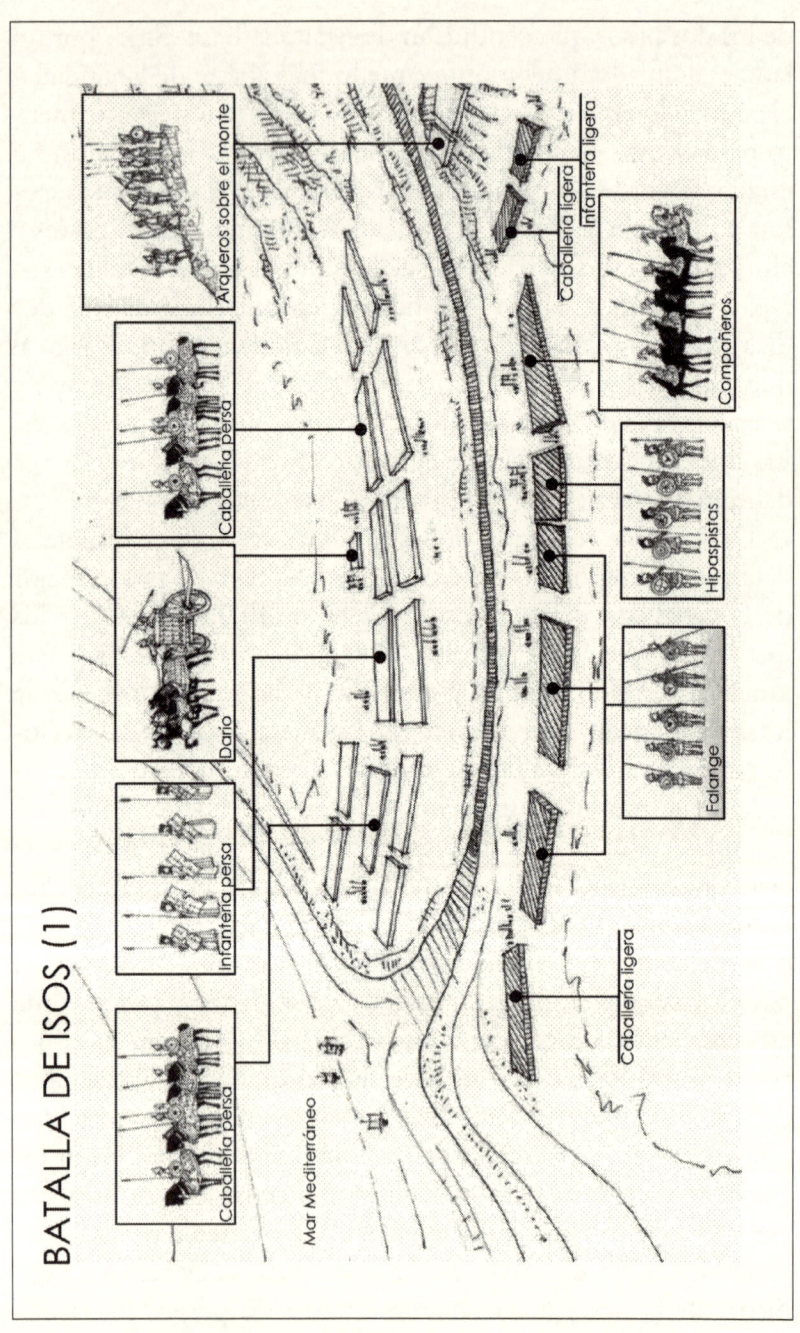

Arqueros sobre el monte

Caballería persa

Darío

Infantería persa

Caballería persa

Mar Mediterráneo

Caballería ligera

Infantería ligera

Compañeros

Hipaspistas

Falange

Caballería ligera

posible que la falange macedonia pudiera subirla en formación compacta; incluso en aquellas zonas en las que la pendiente no era tan extrema, se reforzó con empalizadas. Podría decirse que los persas se pertrecharon tras una trinchera natural. Darío buscaba con ello detener el avance del centro macedonio, habitualmente formado por los falangistas, y golpear con su caballería el ala izquierda enemiga hasta destrozarla completamente. El precio que tuvo que pagar por esta ventaja táctica fue el que la batalla se libró en un frente de unos 4 kilómetros (la longitud posible del río) medida demasiado pequeña para desplegar completamente sus tropas, de tal manera que muchas quedaron en segunda línea sin poder ser usadas convenientemente.

Alejandro conocía el despliegue persa con antelación, ya que varias embarcaciones habían observado a estos desde el mar y le habían informado convenientemente. Pronto advirtió que la longitud del campo de batalla anulaba la superioridad numérica de las tropas de Darío y le permitía a él hacer un despliegue completo pudiendo usar cada una de sus unidades. En el ala izquierda colocó a la caballería tesalia y varios batallones de falangistas, entregándole el mando a Parmenión. El centro fue ocupado por las otras falanges y a su derecha estaba Alejandro con los hipaspistas y la caballería de los compañeros. La primera fase del avance marchó muy bien para los macedonios, ya que lograron anular una avanzada de la izquierda persa que buscaba rodear el ala derecha de Alejandro. Como en otras ocasiones, él fue el primero en cargar, cruzando a pie el río con sus batallones de hipaspistas y logrando llegar a la orilla opuesta desplazando a los persas. Más tropas siguieron el ejemplo del rey cruzando el río con arrojo hasta que toda la caballería de los compañeros se le sumó. Esto provocó la derrota de los cardacos y del ala izquierda persa, que se dio a la fuga. Inmediatamente Alejandro atacó el centro persa, dirigiendo sus armas contra la guardia real que destacaba en el conjunto de los combatientes.

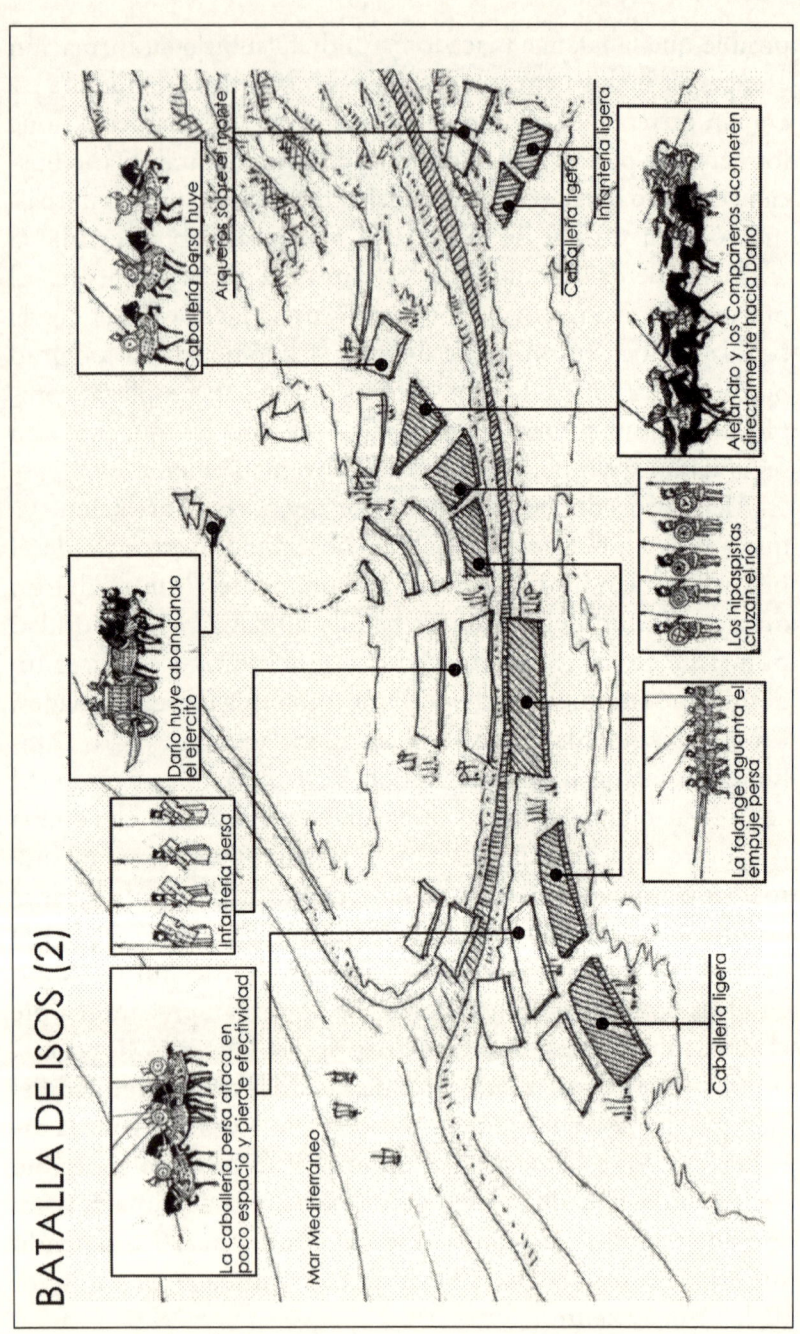

BATALLA DE ISOS (2)

Caballería persa huye

Arqueros sobre el monte

Caballería ligera

Infantería ligera

Alejandro y los Compañeros acometen directamente hacia Darío

Los hipaspistas cruzan el río

La falange aguanta el empuje persa

Darío huye abandonando el ejército

Infantería persa

La caballería persa ataca en poco espacio y pierde efectividad

Mar Mediterráneo

Caballería ligera

Mientras esto sucedía, el ala izquierda macedonia sufría las consecuencias del ataque despiadado de la caballería pesada persa. Sin embargo, el estrecho espacio que tenía para desenvolverse provocó su lenta evolución y su escasa capacidad de maniobra, lo que la anuló en gran medida. El centro macedonio tuvo que luchar contra los mercenarios griegos desde posiciones muy inferiores dado lo escarpado del terreno y con escasas perspectivas de éxito. Todo se solucionó gracias a la acción del ala derecha de Alejandro, pues su maniobra contra la escolta del gran rey dio un vuelco inesperado. Alejandro llegó a aproximarse tanto a Darío como para verle la cara e intentó librar un combate singular con él. Su propósito se frustró cuando el rey persa respondió huyendo del campo de batalla, pues ya daba por perdida su ala izquierda y temía caer en manos de Alejandro. La noticia de la deserción del monarca persa cayó como un jarro de agua fría sobre los que continuaban luchando, que decidieron abandonar las armas y darse a la huida.

La victoria de Alejandro en Isos fue espectacular. En ella se ganó definitivamente el entusiasmo de los suyos y el respeto, tanto de los recelosos griegos como de los enemigos persas. Sus dotes de mando, la capacidad de improvisación, el uso combinado de sus tropas, el arrojo y la valentía en el combate, hicieron de él el mejor general de toda la historia. Pero no solo ganar la guerra era lo propio de un gran hombre, sino también saber administrar sus consecuencias. Igualmente geniales fueron los pasos que dio Alejandro los días posteriores. Con su caballería alcanzó rápidamente Damasco donde se encontraba el campamento principal de Darío. Allí se planteó la cuestión de si perseguir al rey en su huida y acabar rápidamente la guerra con la enorme gloria que ello suponía, o dejarle escapar pero asegurar lo ya conseguido y obtener por ello nuevas ventajas estratégicas. Alejandro se decidió por esto último dejando para más adelante su encuentro definitivo con Darío III.

5. SIRIA Y EGIPTO

1. Dos espadas no caben en la misma vaina

Los supervivientes del ejército persa en Isos tomaron diversos caminos. Un fuerte contingente permaneció en Asia Menor y su neutralización le fue encargada a Antígono el Tuerto, sátrapa de Frigia, que logró el objetivo con bastante eficacia. Un grupo sustancial de mercenarios griegos consiguió embarcar y refugiarse en Egipto. Darío pudo reunir a 4.000 soldados y ponerse a salvo al otro lado del Éufrates. El coste a pagar de su precipitada huida fue abandonar a su suerte el campamento que había establecido en la ciudad de Damasco. Alejandro no solo encontró en él la tienda real o el trono de Darío, o incluso 3.000 talentos de plata (48.000 kilos), que le sirvieron para pagar su campaña, sino que encontró también a la familia real. Darío había llevado a la guerra un nutrido séquito, integrado por su madre, la reina Sisigambis, su propia esposa, Estateira, considerada la mujer más hermosa del mundo, un hijo de seis años llamado Ocos, dos niñas pequeñas y diversas esposas de nobles y principales persas. Alejandro los trató a todos con suma dignidad, manteniéndoles el rango y privilegios que hasta entonces gozaban.

Según relatan las fuentes y en especial el propio Arriano, a Alejandro se le planteó una doble disyuntiva: o perseguir a Darío hacia el interior del Imperio persa o conquistar una a una las grandes ciudades de Siria y Palestina. La opción de perseguir al gran rey tenía enormes ventajas, pues impediría que este pudiera formar un nuevo ejército. La persecución podría llevar su tiempo pues a Darío le cabría huir de un lado a otro, pero al final acabarían atrapándolo. Sin embargo, ello suponía correr un enorme riesgo difícilmente asumible. Fue el propio Alejandro Magno el que acabó imponiendo la estrategia de la conquista de Siria. Según sus palabras nunca tendrían total seguridad mientras los persas siguieran siendo dueños del mar y poseyeran Chipre, Tiro y Egipto. La flota persa podría maniobrar en la retaguardia, animando con su dinero y con sus tropas el levantamiento de ciudades griegas, especialmente las más hostiles como Esparta e incluso las inseguras como Atenas. Era necesario pues vencer primero a la flota persa, arrebatándole todos los puertos donde atracar y forzarla así a su rendición. Por ello el ejército macedonio se dispuso a descender por la costa sometiendo a las principales ciudades fenicias.

Cuando Alejandro se encontraba en la ciudad de Marato, al norte de Siria, recibió una embajada persa que le traía una carta personal del mismísimo Darío. Desconocemos si el intercambio epistolar entre ambos monarcas es completamente cierto o es una elaboración posterior, pero de lo que podemos estar seguros es de que las cartas reflejarían sus pensamientos, especialmente los de Alejandro. En la primera misiva Darío se quejaba de que Alejandro nunca le había enviado embajadores, por lo que no había tenido ocasión de manifestar su amistad y renovar la antigua alianza; que los macedonios habían cruzado los Estrechos y habían agredido al pueblo persa sin justificación y que él solo había salido en defensa de su país, pero que los dioses habían querido que él perdiera la batalla. Darío suplicaba por su mujer y por sus familiares y le pedía que se los enviara de vuelta, estando dispuesto a firmar la amistad con Alejandro y a convertirlo en su aliado.

A Darío seguramente le sorprendió la contestación del rey macedonio, pues no le hablaba de igual a igual, de rey a rey, sino que le hablaba como un superior que exigía al inferior una serie de condiciones. Alejandro comenzó reprochando al rey persa todos los males causados por los intentos de invasión; añadió que él buscaba vengarse de todo ello como encargo recibido directamente de los griegos; que los agentes de Darío habían apoyado a los enemigos de su padre e incluso habían colaborado en su asesinato; que seguía apoyando con dinero el odio a Macedonia entre las ciudades griegas. Añade Alejandro que él ha vencido en la batalla a los sátrapas y al rey mismo y por lo tanto Darío debe acudir a su presencia para reconocerle como señor de toda Asia. Si así lo hiciera no tendría inconveniente en devolverle a su familia. Y concluye: «De ahora en adelante, cuando te dirijas a mí, hazlo como al rey de toda Asia, y no lo hagas en plan de igualdad, sino como a Señor que soy de todas tus posesiones, y en ese tono, pídeme lo que necesites. De lo contrario pensaré que me ofendes; y si me contestas aludiendo a tu soberanía, quédate y lucha por ella y no huyas, porque tengo el firme propósito de perseguirte donde quiera que te encuentres» (Arriano, 2.14.9).

Unas semanas más tarde, estando ya Alejandro junto a los muros de Tiro, le llegó la respuesta en forma de una segunda carta. En ella Darío le ofrecía a Alejandro un tratado de paz entre ambos que incluía las siguientes condiciones: el pago de 10.000 talentos de plata (26.000 kilos) por la devolución de familia real, la posesión de todas las tierras del Imperio persa al oeste del río Éufrates y el matrimonio de Alejandro con una hija del propio monarca persa. Ante tan generosa propuesta Alejandro convocó a su estado mayor y les dio a conocer estos términos de paz. Las fuentes solo mencionan la intervención de Parmenión, que señaló que si él fuera Alejandro aceptaría la proposición, a lo cual respondió el rey que si él fuera Parmenión también la aceptaría. Alejandro temía que se tratase de una trampa: el ofrecimiento de una recompensa sustanciosa a cambio de concluir la guerra. Nadie le podría asegurar que Darío, una vez repuesto de las derrotas sufridas, no organizara un nuevo ejército y fuera a recuperar lo que consideraba suyo.

La respuesta de Alejandro fue contundente. Le dejó claro que lo que el rey persa le ofrecía él ya lo tenía. Que, así como no hay dos soles en el cielo, no puede haber dos reyes en la tierra. Que si Darío quería de verdad la paz debía presentarse ante él y reconocerle como su señor, añadiendo que «dos espadas no caben en la misma vaina». Las intenciones de Alejandro eran claras. Por un lado si Darío aceptaba las condiciones y se presentaba ante él, habría ganado una gigantesca batalla sin luchar, creciendo aún más su prestigio, y no habría sido necesaria la conquista de Oriente. Sin embargo nadie se hacía ilusiones sobre la posible respuesta. Era difícil que Darío aceptara, pues se crearía el problema de qué hacer con el rey de reyes. No podría dejarlo gobernar y tendría que convencerlo para que aceptase un retiro honorable en algún palacio recóndito. Por ello no le dio más vueltas a la cuestión y, tras despedir al emisario, se centró en la conquista de Tiro.

2. Los trabajos de Hércules

La conquista del Levante mediterráneo fue más costosa de lo esperado, especialmente al intentar avanzar a través del territorio de los fenicios. Estos constituían un pueblo antiquísimo que los griegos conocían perfectamente. Se habían formado como ciudades estado independientes entre el mar, del que vivían, y las montañas del Líbano, de las que sacaban sus más preciados tesoros. Su desarrollo se había debido a su poción intermedia entre los grandes imperios del Próximo Oriente: Mesopotamia, Anatolia y Egipto, con quienes les unieron intensas relaciones comerciales. Su principal fuente de riqueza lo constituían sus valiosos bosques de cedros, que poblaban las montañas próximas, cuya madera era enormemente apreciada. En un entorno dominado por el desierto, la buena madera constituía un bien escaso, tanto si se la utilizaba para la construcción como para objetos de lujo y mobiliario. Ello les permitió a los fenicios fundar ciudades florecientes a lo largo de la costa, que siempre mantuvieron su independencia y que nunca llegaron a formar un estado unitario.

Será a partir de los siglos X y IX cuando los fenicios vivirán su etapa más dorada, debido a la gran expansión comercial que van a protagonizar. Durante esos años sus barcos recorrieron todas las rutas del Mediterráneo, fundando factorías, pequeños centros de intercambio y auténticas ciudades como Cádiz o Cartago. La madera de cedro se verá reemplazada por otras materias primas: oro y plata, metales variados como estaño y cobre, cerámica y sobre todo la púrpura, por la que los griegos los conocerán especialmente hasta darles un nuevo nombre, *phoenikoi* (mercaderes de púrpura), con el que pasarán a la historia. En dicha época la ciudad más pujante fue sin duda Tiro, protagonista de la colonización y gran difusora de la cultura por el Mediterráneo. Su ubicación era excepcional pues estaba levantada sobre una isla a unos setecientos metros de la costa. Contaba con un sistema de murallas espectacular de cinco kilómetros de largo y que alcanzaban los cuarenta y cinco metros de altura, especialmente en la parte oriental que miraba a tierra firme. Sus dos puertos, también fortificados permitían a la ciudad estar bien abastecida y poder emprender todo el comercio marítimo del que fueron capaces.

En el interior de sus muros los habitantes de Tiro tenían un templo dedicado a Hércules (Melkar en la tradición local), cuyo culto habían difundido por el Mediterráneo. Especial relevancia tuvo el templo de Hércules que los tirios fundaron en Cádiz. Dicho templo miraba hacia el sureste y tenía como particularidad que sus puertas estaban flanqueadas por dos gigantescas columnas de bronce, como el templo de Jerusalén. Este templo dio nombre al estrecho de Gibraltar, que fue conocido durante siglos como las columnas de Hércules. Estas, como símbolo de la península Ibérica, han llegado a formar parte del actual escudo de España. Hasta Tartesos y Cádiz se desplazó el mismísimo héroe griego, cumpliendo uno de los doce trabajos que le encargó Euristeo. En este caso consistía en robarle a Gerión sus famosos bueyes que pastaban plácidamente en la isla Eritia, en medio del Océano. Hércules logró su objetivo tras matar al perro Ortos, hermano de Cancerbero, y al boyero Euritón que no pudo resistir la fuerza de Hércules. Tras diversas vicisitudes, el dios griego logró llevar estos bueyes hasta la mismísima Argos.

Alejandro Magno conocía todos estos detalles cuando, al frente de su ejército, se acercó a la ciudad de Tiro ya entrado el mes de enero del 332. Hasta ese momento había recibido el sometimiento de otras ciudades fenicias como Biblos y Sidón, y esperaba lo mismo de esta ciudad tan importante y representativa. A su encuentro le salió una embajada de la ciudad ofreciéndole una corona de oro en señal de sometimiento, lo que agradó al rey. Al despedir la embajada Alejandro les comunicó su deseo de entrar en la ciudad para celebrar sacrificios en el templo de Hércules, su progenitor por vía paterna. La asamblea popular tiria celebró reunión y decidió negarle a Alejandro la entrada, pues pensaba que era un ardid para asaltar la ciudad y robar sus riquezas. Como confiaban enormemente en sus murallas y en su flota, se aprestaron a resistir.

Alejandro no podía quedar indiferente ante este rechazo. No solo porque minaba su autoridad, sino sobre todo porque no podía permitir que la ciudad de la que procedía el núcleo fundamental de la flota persa no estuviera en sus manos. Era obvio que los tirios estaban jugando a dos bandos, pues pensaban que la guerra aún no estaba decidida. Por un lado, se sometían a Alejandro, pero por otro, agradaban a los persas no dejando entrar a los macedonios en su ciudad y manteniendo abierto para su causa un puerto tan importante. Por ello Alejandro decidió tomar la ciudad a cualquier precio, sin saber que este sería elevadísimo.

Para tomar una isla fortificada a setecientos metros mar adentro, Alejandro le encargó a Crátero la construcción de un dique que salvara el brazo de mar y poder así asaltar los muros. Con ayuda de la población local los macedonios comenzaron la construcción de un terraplén de sesenta metros de ancho. A los tres meses, cuando ya esta obra se acercaba a la isla y quedaba dentro del radio de sus proyectiles, los tirios la asaltaron, quemando las torres defensivas que la protegían y causando grandes bajas. Alejandro ordenó entonces que la anchura del dique se doblara para colocar mayor número de artilugios de asalto.

Solo a partir del mes de agosto los macedonios estuvieron preparados para coordinar un auténtico asalto a la ciudad. A Alejandro, gran conocedor de la mitología griega, le debió de parecer esta operación un trabajo digno de su antepasado Hércules. Seguro que en algún momento recordó que el dios griego también había participado en un asedio complicado, cuando intentó tomar la ciudad de Troya antes de que lo hiciera su pariente Aquiles. Cuenta la leyenda que Hércules salvó de las fauces de una bestia marina a Hesíone, la hija de Laomedonte, rey de Troya, y que, al ser despreciado por el rey y no recibir la recompensa prometida, al frente de dieciocho naves asaltó los muros de Troya, construidos por Apolo y Poseidón. Tras conquistar la ciudad mató al rey y a todos sus hijos, salvo a Príamo, que luego reinaría. El asalto final le debió de parecer a Alejandro digno de que un poeta lo cantara para su memoria.

El éxito en la toma de Tiro consistió en la sabia combinación de múltiples recursos. El terraplén de ciento veinte metros de ancho permitió minar los muros, pero los habitantes construyeron uno nuevo más atrás. La brecha abierta hubo de ser reforzada por catapultas y ballestas instaladas sobre naves unidas por vigas de madera. La conquista se alargó por la resistencia de los tirios en rechazar a los macedonios. Al final estos abrieron brecha en las murallas con arietes transportados sobre barcos en el lado sur, a lo que siguió un asalto generalizado. Las fuentes cuentan que entre los tirios murieron más de ocho mil hombres -las mujeres, niños y ancianos habían sido evacuados a Cartago-, mientras que los macedonios sufrieron más de mil bajas. Una vez tomada la ciudad, Alejandro pudo ofrecer sacrificios a Hércules en agradecimiento por su fortuna. Lo cierto es que, a pesar del elevado coste, se había conseguido el principal objetivo: privar a la flota persa de su más valiosa posesión.

La experiencia ganada en el asedio de Tiro le valió mucho a los macedonios para afrontar una situación similar. En su marcha hacia el Sur, las tropas de Alejandro se acercaron a la ciudad de Gaza, último enclave entre Siria y Egipto. Esta ciudad fue la capital de los filisteos (*palestiu*) desde el año 1.200 cuando, procedentes de algún punto del Mediterráneo oriental, arribaron a las costas de Palestina, a la que dieron nombre. Gaza fue incorporada al Imperio persa por Cambises el año 529 y se convirtió en un bastión defensivo que guardaba la entrada y salida de Egipto. La fortaleza se alzaba sobre un monte a unos 75 metros de alto sobre la llanura circundante, lo que la convertía prácticamente en inexpugnable.

Cuando las tropas de Alejandro se acercaron a Gaza, esta se hallaba gobernada por un eunuco de nombre Batis que estaba al mando de una guarnición formada por mercenarios árabes. El funcionario persa decidió resistir a los macedonios confiando en la solidez de su sistema defensivo. Los ingenieros de Alejandro le confirmaron al rey que la ciudad era inexpugnable, pues la montaña en la que se encontraba era de piedra sólida. A Alejandro le bastó saber que era imposible tomarla, para poner todo su empeño en ello. Durante dos meses las tropas macedonias levantaron un terraplén de tierra que rodeaba completamente la ciudad y que tenía 75 metros de alto y 365 de ancho. Una vez concluida esta gigantesca obra, los macedonios pudieron acercar las torres de asedio y conseguir minar la muralla y derribarla con arietes. El castigo a la población de Gaza fue brutal: todos los hombres fueron ejecutados y las mujeres y los niños vendidos como esclavos. A finales de noviembre del 332, Alejandro había completado la conquista de toda Siria y Palestina, desde la orilla del mar hasta el desierto.

3. Egipto eterno

Desde Gaza hasta el brazo más oriental del Delta del Nilo se extienden 225 kilómetros de desierto, a lo largo de la Península del Sinaí, que suponían una seria dificultad logística a todo ejército que pretendiera invadir Egipto. Las posibilidades de fracaso de los invasores eran altas y en el mejor de los casos, si se lograba cruzar todo el tramo, el enemigo llegaría tan agotado y mermado de fuerzas, que los egipcios podían derrotarlos fácilmente. Por ello, este desierto había sido desde siempre la primera gran defensa del país del Nilo y garantía de su seguridad. Alejandro recorrió este tramo en una semana, en etapas de 32 kilómetros diarios. Ello fue posible gracias al apoyo permanente de la flota que desde el mar suministraba agua y alimentos a las fuerzas de tierra. En esta ocasión, Alejandro viajó con una tropa escogida, mientras que grueso del ejército permanecía en Siria.

El recibimiento de los macedonios fue sorprendente. Egipto nunca se había integrado totalmente en el Imperio persa y por ello había protagonizado diversos intentos de secesión. La última revuelta exitosa había tenido lugar el año 404, gracias a la cual Egipto había disfrutado de sesenta años de independencia, hasta el año 343, en que Artajerjes III (359-338) los había vuelto a incorporar al Imperio. Por ello los egipcios recibieron a Alejandro como un libertador y le abrieron las puertas del país. Incluso la pequeña guarnición persa que allí se encontraba se rindió sin luchar, ante la inutilidad de toda resistencia. Por lo

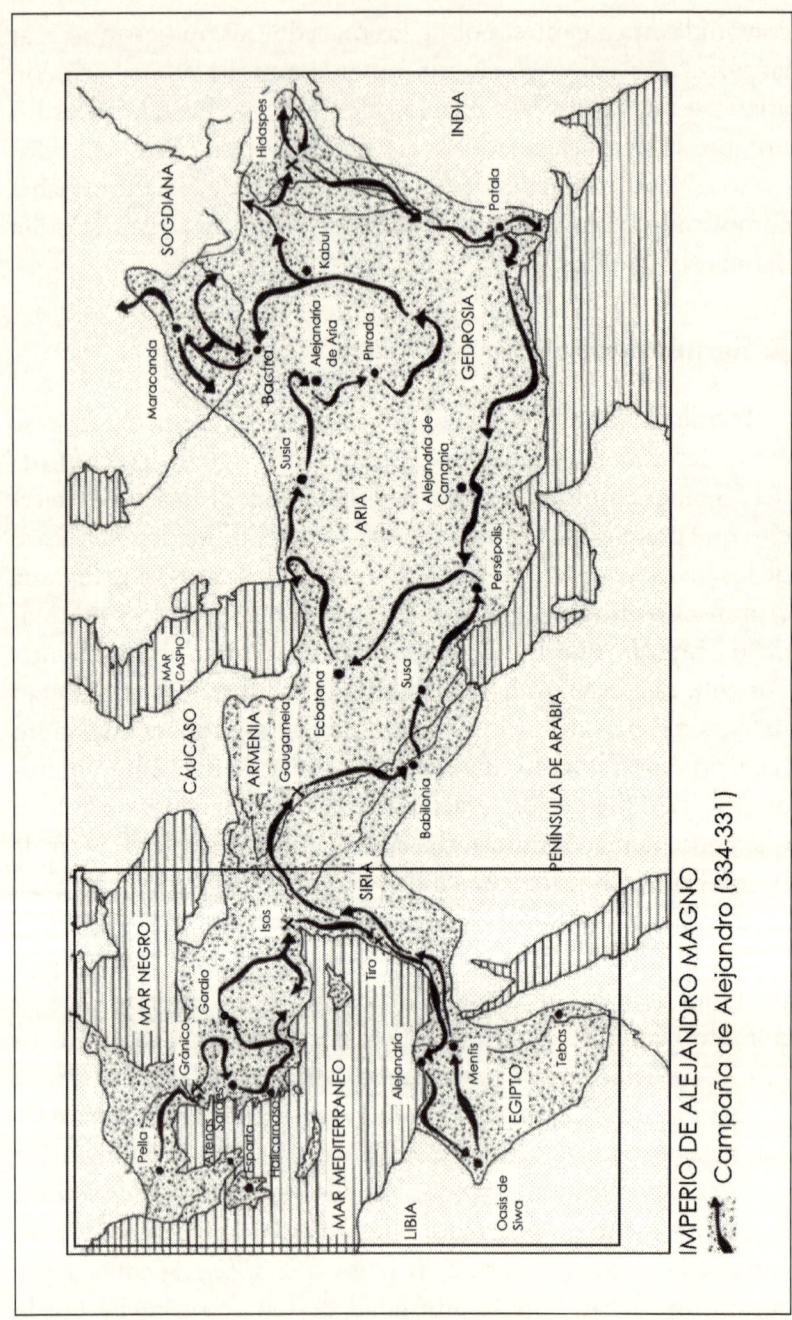

IMPERIO DE ALEJANDRO MAGNO
Campaña de Alejandro (334-331)

tanto la ocupación del país fue muy fácil y prácticamente un paseo turístico para Alejandro.

A los macedonios como a los griegos les fascinaba Egipto. Igual que hoy en día, en la Antigüedad era ya un país de misterio y de secreta sabiduría. Los mitos griegos y la más antigua literatura habían incluido en sus relatos al País del Nilo. Heracles liberó a este pueblo del tirano Busiris; Homero recogió saqueos y contactos entre griegos y los habitantes del Delta; los grandes hombres de letras griegos habían visitado el país, como Tales de Mileto, Solón, Demócrito o Platón, el cual llegó a vivir hasta trece años en Egipto. Por ello Alejandro aprovechó los cinco meses de su estancia para embeberse de su cultura.

La primera ciudad que visitó fue Heliópolis, sede del templo dedicado a Ra, dios del sol, donde pudo maravillarse con los gigantescos obeliscos que adornaban el recinto sagrado y que representaban los rayos del mismo sol petrificados. Luego se trasladó por tierra hasta Menfis, cerca de El Cairo. Esta ciudad estaba situada justo donde comienza el Delta y había sido fundada por Min o Menes, el primer faraón y unificador de Egipto. Las fuentes no mencionan que Alejandro se acercara hasta la próxima Gizéh, donde se encontraba el complejo de pirámides de Keops, Kefrén y Micerinos, pero qué duda cabe que Alejandro aprovecharía para contemplar una de las siete maravillas del mundo. Donde sí que se entretuvo en Menfis fue en el templo del dios Ptah, que en lengua local se decía *Hikuptah* (la casa de Ptah) de donde deriva el término *Aegyptos*. Allí los sacerdotes le hicieron sentarse en el trono del dios y le proclamaron faraón del Alto y Bajo Egipto, iniciando oficialmente la dinastía 32, de origen griego, que gobernará ininterrumpidamente el país hasta que Augusto lo incorporó al Imperio romano el año 30 a.C.

Desde Menfis embarcó con rumbo al mar recorriendo el brazo más occidental del Delta. Cuando se encontraba próximo a la isla de Faros, observó un saliente calcáreo de 2 kilómetros de ancho que separaba el lago Merotis del Mediterráneo y lo consideró un lugar apropiado para el establecimiento de una ciudad. Alejandro concibió enseguida un plano urbanístico de la urbe que llevará su nombre: Alejandría. Él nunca la vio construida, pero dio instrucciones para la distribución de sus barrios, la ubicación del ágora, del mercado, de los principales templos, y sobre todo de su magnífico puerto. Para establecer un lugar seguro de embarque, mandó construir un dique semejante al del asedio de Tiro. Este se va a denominar Heptastadion, pues unía la tierra firme con la isla de Faros y su longitud era exactamente de siete estadios (1,3 kilómetros), logrando así dos puertos, que miraban uno a Oriente y el otro a Occidente.

Estando en Alejandría, Alejandro sintió el deseo de visitar el templo de Amón en el oasis de Siwa, situado a unos 600 kilómetros de distancia. Se trataba de una antiquísimo oráculo, muy familiar en la mitología griega. Había sido visitado por Perseo y Hércules, además de ser consultado innumerables veces a lo largo de la historia de Grecia. En él se daba culto a Amón, contracción de Amun-Re, dios del sol representado por un carnero, y que los griegos habían identificado con Zeus. Desconocemos con exactitud qué buscaba Alejandro en este oráculo: si rememorar las hazañas de sus antepasados Perseo y Hércules o consultar al dios sobre los siguientes pasos a dar y sobre su fortuna. Muchos autores antiguos, sin ningún fundamento, han señalado que buscaba averiguar su condición directa de hijo de Zeus, y que el dios se lo confirmó. Pero esto se trata de una elaboración muy posterior y fantasiosa. De lo que no cabe duda es de que Alejandro se sintió muy reconfortado y animado en sus proyectos después de pasar esos pocos días en el oasis de Siwa.

El mes de abril del 331 pasó muy rápido para Alejandro en Egipto. En esas semanas procedió a diseñar la gestión de los territorios conquistados y a planificar los siguientes pasos en la conquista del Imperio persa. Siempre ha sorprendido a los historiadores la clarividencia de Alejandro a la hora de organizar su incipiente imperio. Ni los griegos ni los macedonios tenían experiencia en administrar gigantescos espacios como los que ya poseía Alejandro bajo su control, con millones de habitantes tan distintos y complicados. Tampoco los teóricos de la ciencia política griega anteriores a él llegaron a soñar que uno de los suyos pudiera gobernar un mundo tan distinto al de la pequeña polis autárquica en la que siempre habían vivido. Los grandes imperios habían sido una cuestión de los pueblos orientales que llevaban siglos experimentándolos y en especial el Imperio persa. Por ello lo lógico es que Alejandro hubiera seguido al pie de la letra los modelos persas de administración, que por otro lado gozaban de un razonable prestigio.

Alejandro siguió muchas de las pautas de la administración anterior pero, en cambio, se apartó en muchísimas cuestiones importantes sobre las que no había experiencia. Los persas habían creado el modelo de satrapía, en la que el gobernante provincial o sátrapa asumía todos los poderes del rey y en consecuencia era el máximo responsable de la gestión del territorio. Ahí es donde Alejandro se apartó profundamente del precedente persa, recorriendo caminos nuevos e inexplorados. Él creó una administración con auténtica división de poderes. Ninguna autoridad nombrada por él se parecía al sátrapa persa, pues dividió las competencias de este en cuatro bloques y se los entregó, en cada satrapía o región, a cuatro representantes suyos, que rendían cuentas única y exclusivamente ante él. En primer lugar estaban los gobernadores civiles de cada territorio o circunscripción, a los que se les denominaba habitualmente sátrapas, encargados de la administración de justicia y de la buena marcha de los asuntos en general. Estos sátrapas no tenían mando sobre las tropas acuarteladas en ese territorio, normalmente soldados locales o mercenarios. Los estrategos, que era como se llamaban estos comandantes regionales, asumían la defensa del distrito frente a potenciales enemigos y daban cuenta de sus actos ante Alejandro, estando así liberados de la autoridad del sátrapa que no los controlaba. En tercer lugar, Alejandro creó la figura de los comandantes de guarnición (*phrourarchoi*) para la defensa de fortalezas, puntos fuertes y enclaves estratégicos que, igual que los anteriores, solo obedecían las órdenes de Alejandro. Por último, el poder económico clave se lo encargó a sus tesoreros (*gazophylakes*), que eran los responsables de recaudar los impuestos y de atender las necesidades de financiación del Imperio. De esta manera Alejandro conseguía que ningún subordinado suyo tuviera el suficiente poder como para rebelarse y aprovechar su lejanía para intentar aventuras de ambición.

A comienzos de mayo del año 331 Alejandro abandonó Egipto para unirse al grueso de sus tropas en Tiro. Por suerte para él, en los últimos meses los persas no habían intentado ninguna operación importante en contra, lo que le había permitido visitar en paz Egipto y reorganizar tranquilamente sus dominios. Los historiadores se han preguntado muchas veces por qué Darío III se movió siempre de un modo tan lento y tan poco inteligente, especialmente después de la batalla de Isos. Él confió en su flota para distraer a Alejandro en su avance, pero no la dotó suficientemente de recursos. Debilitó Asia Menor retirando fuerzas, lo que facilitó el avance de Alejandro. No contraatacó mientras el rey macedonio se encontraba atrapado en el asedio de Tiro, en circunstancias difíciles para él. Si Darío hubiese ordenado a mediados del 332 un ataque en el norte de Siria o en las cercanías de Isos, donde los macedonios no habían podido profundizar en las conquistas, hubiera partido por la mitad las líneas de comunicación enemiga, a la par que hubiera podido salir al Mediterráneo y contactar con su flota, coordinando con ella operaciones más eficaces.

Tras la batalla de Isos, Darío perdió mucho tiempo enviando cartas a Alejandro y proponiéndole repartos de su Imperio. Solo cuando comprobó el total rechazo de este, tomó la decisión de reclutar un nuevo ejército, pero ya había perdido todo el año 332 y había dejado en las manos del rey macedonio la iniciativa de la guerra. Cuando el ejército persa comenzó a formarse, Alejandro ya estaba perfectamente preparado para ir a su encuentro.

6. EL CORAZÓN DEL IMPERIO PERSA

1. Un eclipse de luna

Las semanas previas a la definitiva batalla entre Alejandro y Darío fueron una auténtica guerra de nervios y de movimientos estratégicos para lograr ventajas sobre el enemigo. El rey persa había concentrado un gran ejército en Babilonia y necesitaba saber por dónde cruzarían el Éufrates las fuerzas macedonias. Sin embargo, Alejandro se demoró en Siria prácticamente todo el verano a fin de recoger la rica cosecha de la zona y transportarla consigo en la campaña; y también porque buscaba forzar a Darío a que viniera a su encuentro, pues prefería que el ejército persa alargara sus líneas de comunicación y abastecimiento a tener que hacerlo él. Al final, Alejandro se enteró de que Darío no iba a dar el primer paso y decidió entonces ir a por él.

Ya con el mes de agosto avanzado, las fuerzas macedonias se acercaron a la ciudad de Tápsaco, donde se encontraba uno de los mejores vados del Éufrates. Tras repeler a un destacamento persa que les impedía el paso, los ingenieros de Alejandro construyeron dos puentes para que pasaran el ejército y la impedimenta. Allí fue informado de que Darío ya no se encontraba

BATALLA DE GAUGAMELA (1)

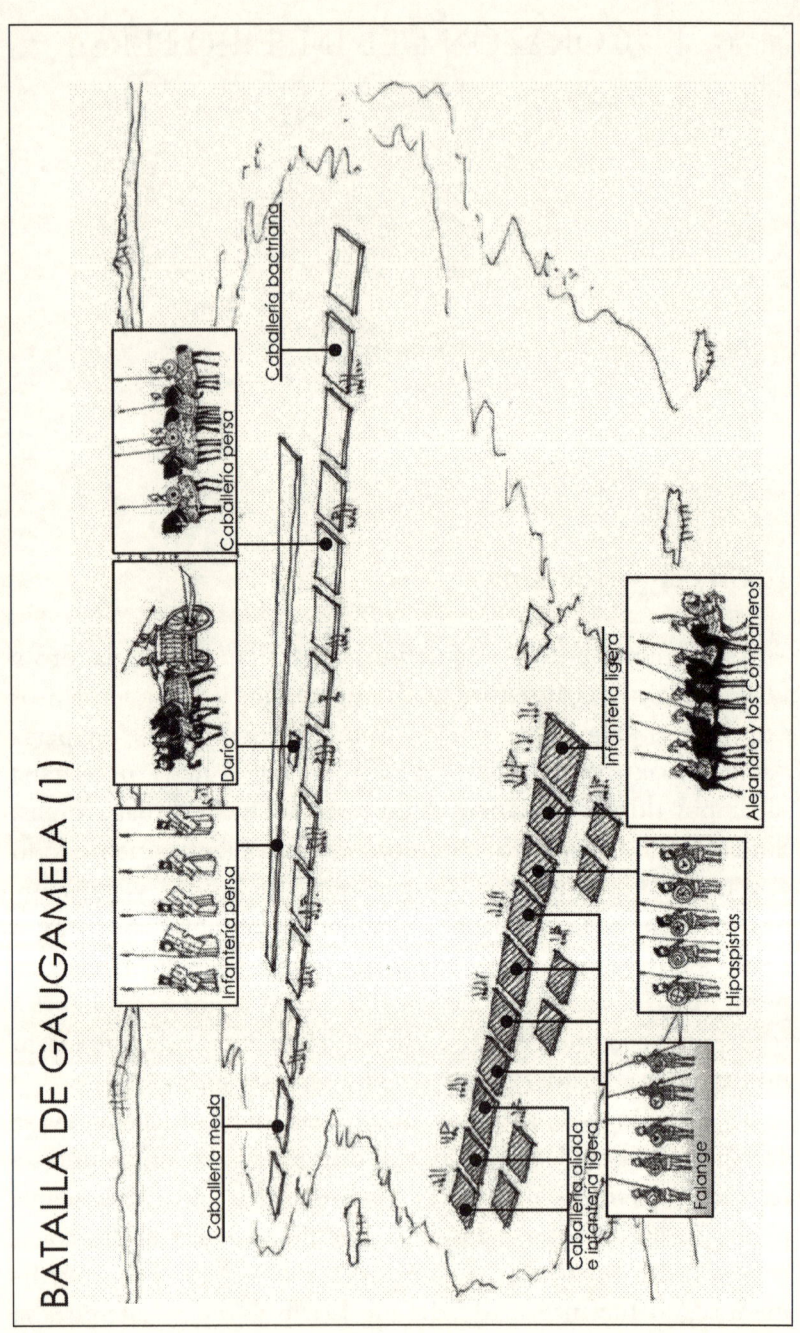

Caballería bactriana

Caballería persa

Darío

Infantería persa

Caballería meda

Infantería ligera

Alejandro y los Compañeros

Hipaspistas

Caballería aliada e infantería ligera

Falange

en Babilonia sino mucho más al norte, en torno a la ciudad de Arbela en el Tigris superior. Dando un enorme rodeo que le aproximará a las estribaciones del Cáucaso y Armenia, zona rica en pastos, Alejandro se dispuso a buscar a Darío.

El rey persa había cuidado con esmero la campaña. Había escogido la ciudad de Arbela como base de operaciones pues estaba bien comunicada a través del Tigris y el Gran Zab, por lo que su línea de abastecimiento era segura y eficaz. Sabedor de que Alejandro vendría desde el norte, marchó en su busca hasta alcanzar a la aldea de Gaugamela (a 10 kilómetros de la actual Mosul en Irak), en cuya llanura se desplegó para la batalla. Él contaba con un ejército de 60.000 hombres procedentes de las satrapías del Centro y de Oriente; además de 2.000 mercenarios griegos y 200 carros falcados. Como siempre entre los persas su ejército era dispar: la caballería era excelente y numerosa, mientras que la infantería y las tropas auxiliares estaban muy lejos de alcanzar su calidad.

El terreno escogido para la batalla evidenciaba la táctica del ejército persa. Darío quería evitar a toda costa los errores cometidos en Isos, donde no pudo desplegar totalmente su ejército, y por ello escogió ahora un terreno plano y amplio, donde su caballería podía evolucionar perfectamente. Por ello desplegó una larga línea con la infantería, en cuyo centro se situó él mismo con su guardia real y los mercenarios griegos, además de cincuenta carros de combate armados con cuchillas cortantes en los tubos de las ruedas. En ambas alas colocó lo mejor de su ejército: en el ala izquierda, a la caballería bactriana y escita y otros cien carros falcados. En su ala derecha se encontraba la caballería armena y capadocia, más los últimos cincuenta carros de combate. Además, acondicionó el terreno delante de sus carros, creando unas especies de vías o sendas por las que estos pudieran evolucionar con comodidad.

Su intención no era otra que forzar al ejército macedonio a entrar en los caminos preparados para carros y caballería y lanzarlos contra el enemigo. Los carros falcados debían deshacer la cohesión de las tropas macedonias, abriendo huecos aquí y allá, que serían aprovechados por la caballería para rodear a los enemigos desorientados. Especial atención recibió la caballería del ala izquierda persa, mandada por Beso, el sátrapa de Bactria, que debía enfrentarse directamente a Alejandro y a la caballería de los Compañeros.

El ejército macedonio llegó al Tigris a mediados del mes de septiembre y Alejandro dispuso una marcha lenta con numerosas paradas para hacer descansar a sus hombres y obtener información del enemigo. La noche del 21 al 22 de septiembre tuvo lugar un eclipse de luna que provocó el pánico entre los griegos y macedonios. Este tipo de acontecimientos naturales, inexplicables para la ciencia del momento, solían ser augurios premonitorios de catástrofes, y por lo tanto provocaban el pavor por doquier. Una situación similar habían vivido los atenienses antes de ser derrotados en Siracusa el año 413. La proximidad del enemigo persa hizo pensar a muchos que el eclipse anunciaba una derrota segura. La desmoralización general obligó a Alejandro a actuar con rapidez y a la postre consiguió revertir la situación. Los adivinos macedonios interpretaron que el sol representaba a Grecia, mientras que la luna era signo indiscutible del Imperio persa. Lo que anunciaba el eclipse es que la próxima batalla significaría la decadencia definitiva de los persas y el comienzo del reinado de un nuevo sol más grande y espléndido. El pánico se convirtió en fervor y entusiasmo, y fue sin duda una de las más importantes victorias conseguidas por Alejandro.

La batalla definitiva tuvo lugar el 1 de octubre del 331. Alejandro formó a sus cuarenta mil infantes y siete mil jinetes a la vista del ejército persa unas horas después del amanecer. Su distribución fue muy similar a la de otras ocasiones: el ala derecha más ofensiva formada por la caballería de los compañeros y los hipaspistas, y el ala izquierda, más defensiva, integrada por la caballería tesalia y de los aliados griegos. En el centro, como era habitual, se desplegaban las falanges de piqueros. Para adaptarse al momento concreto, y sabedor de que Darío intentaría superarlo por las alas, estableció dos unidades de flanqueo, a fin de evitar la previsible acción de la caballería enemiga y añadió una segunda línea de falange, posterior a la otra, con órdenes de volverse y defenderse si eran atacados por la retaguardia. Esta disposición obligó a Alejandro a encoger su línea de avance y concentrar sus tropas, frente a la larga y distorsionada línea persa.

Con esta disposición el ejército macedonio llegó al campo de combate, con la mitad izquierda dentro de la zona acondicionada por Darío para hacerle creer que habían mordido el anzuelo. Cuando ambos ejércitos se aproximaron hasta verse las caras, Alejandro ordenó avanzar hacia la derecha, adoptando una línea oblicua, con su ala derecha más avanzada que la izquierda. De esta manera comenzaron a salirse del terreno preparado para los carros falcados. Darío ordenó entonces el ataque de toda su ala izquierda, para impedir la maniobra de los macedonios. El ataque persa fue rechazado por las unidades de flanqueo, y los cien carros de combate inutilizados por los arqueros y lanzadores de jabalinas macedonios, que hirieron a los caballos y acabaron con los aurigas. Cuando la línea oblicua se acercó a la línea de los persas, Alejandro giró noventa grados y atacó duramente el centro persa abriendo un hueco por el que se colaron los hipapistas y la caballería de los Compañeros. Estos chocaron con las tropas que defendían al mismo Darío. Alejandro le arrojó una lanza al rey persa, pero mató a su auriga. Ello provocó que el rey saliera huyendo del campo de batalla, seguido de sus mejores hombres.

La mitad izquierda del ejército macedonio sufrió mucho más que el ala opuesta. Por suerte para ellos, Darío tardó demasiado tiempo en ordenar el ataque en este frente, preocupado como estaba por la evolución de su ala izquierda. La caballería persa llegó a frenar la marcha de las falanges macedonias de este lado,

BATALLA DE GAUGAMELA (2)

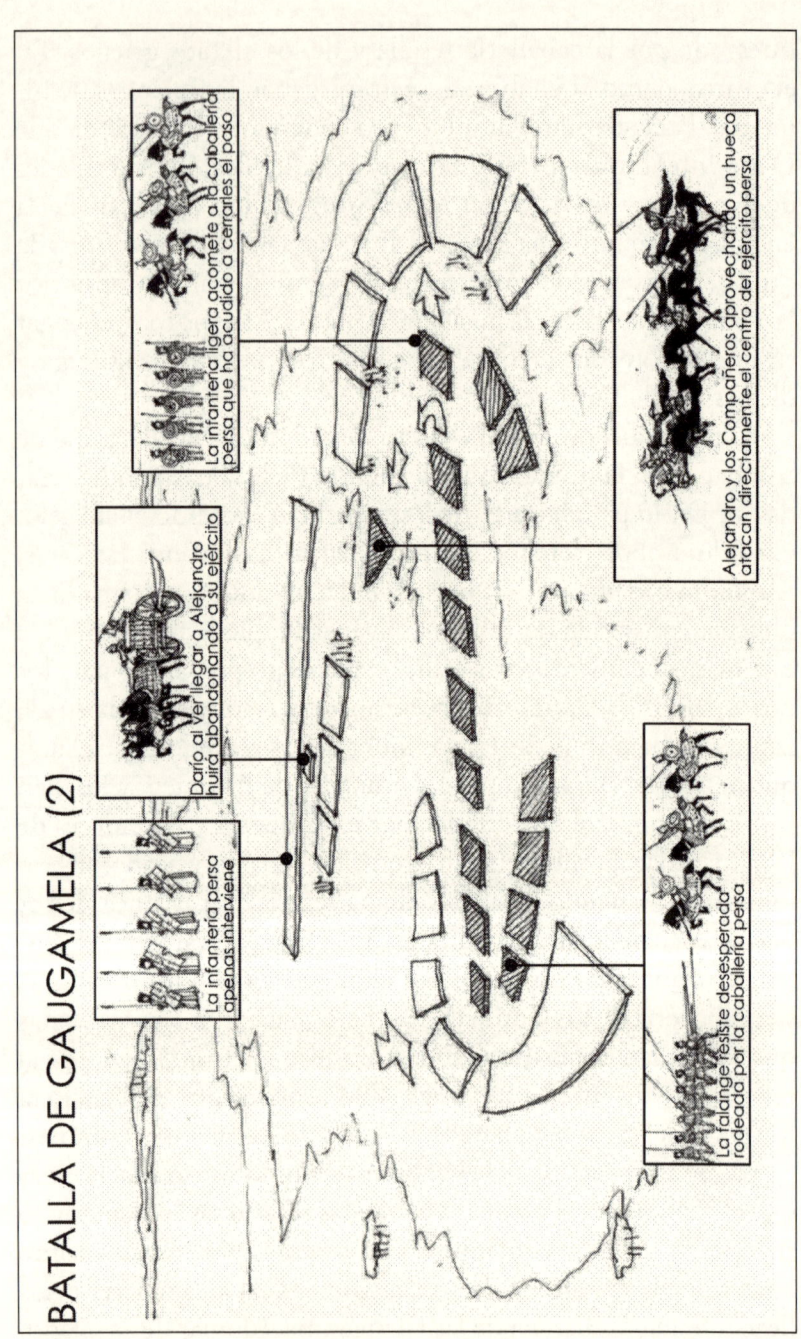

La infantería ligera acomete a la caballería persa que ha acudido a cerrarles el paso

Alejandro y los Compañeros aprovechando un hueco atacan directamente el centro del ejército persa

Darío al ver llegar a Alejandro huirá abandonando a su ejército

La infantería persa apenas interviene

La falange resiste desesperada rodeada por la caballería persa aislándolas del resto. Si Alejandro no hubiera resuelto la situación en el centro o no hubiese atendido la petición de auxilio de Parmenión, estas tropas hubieran sido duramente derrotadas. A la postre, todo el ejército persa abandonó el campo de batalla al enterarse de que su rey había huido. Darío cabalgó con nueve mil soldados supervivientes hasta llegar a Ecbatana, la capital de Media. Allí quedó aislado y desprestigiado, abandonando la entera Mesopotamia y las principales ciudades, entre ellas la capital Susa, a la suerte del vencedor.

2. La torre de Babel

Como en ocasiones anteriores, Alejandro celebró espléndidamente la victoria con sacrificios a los dioses, además de juegos y competiciones atléticas. Recompensó con generosidad a todos sus soldados, especialmente a aquellos que habían demostrado mayor valor. Sus hombres le proclamaron rey de Asia, confirmando así el derecho que había ganado con la lanza en el momento en que cruzó los Estrechos. Alejandro, a partir de ese momento, se comportará plenamente como tal y como él personalmente entendía esa misión; curiosamente de una manera muy distinta a como sus propios soldados hubieran pensado.

La alegría por la victoria conseguida no le duró mucho. Pronto le llegaron noticias alarmantes de Grecia. El rey Agis III de Esparta había logrado levantar un ejército de 10.000 mercenarios griegos pagados con oro persa y derrotar a las fuerzas macedonias que custodiaban el Peloponeso. La victoria había provocado que otras polis se unieran a su aventura, poniendo en grave aprieto la estabilidad en la región. Esparta nunca había aceptado la soberanía macedonia y había permanecido desafiante ante Filipo y el propio Alejandro. En estos momentos el rey Agis pensó que la dispersión de las fuerzas macedonias le favorecía y decidió jugar sus cartas con ayuda de los persas. Por suerte para Alejandro, la rebelión no se extendió mucho más allá del Peloponeso y no consiguió atraer a grandes potencias como Atenas, etc. Antípatro, que se encargaba de estos asuntos en Macedonia, recibió rápidamente más de 3.000 talentos de plata con los que contratar mercenarios y poder afrontar el peligro. Unos meses más tarde, a finales de abril del 330, las tropas macedonias derrotaron claramente a los espartanos conjurando así el grave peligro en la retaguardia.

Estos problemas no retrasaron a Alejandro en su determinación. Su ejército marchó hacia el sur y pronto alcanzó las murallas de Babilonia. Para sorpresa de todos fue recibido por una multitud que aclamaba su llegada. El sátrapa de la ciudad, Maceus, le entregó las llaves de Babilonia y fue confirmado en su cargo; este era el mismo que había mandado el ala derecha de Darío en Gaugamela y que estuvo a punto de acabar con parte del ejército macedonio, y que ahora se rendía ante Alejandro. Así Alejandro pudo entrar solemnemente en la ciudad, que si bien no era la capital del Imperio persa, era sin duda una de sus mejores joyas.

La ciudad de Babilonia, situada junto al Éufrates, tenía una larga historia. Fundada en el tercer milenio antes de Cristo, comenzó a tener relevancia a comienzos del segundo milenio, cuando se convirtió en centro neurálgico para la hegemonía de la ciudad de Ur. Su mayor esplendor lo alcanzó cuando el rey Hammurabi (1792-1750) gobernó sus destinos, creando un imperio que abarcaba toda Mesopotamia hasta el norte de Siria. Con posterioridad Babilonia vivió diversas vicisitudes pasando de unas manos a otras, hasta que Nabucodonosor II (604-562) la convirtió otra vez en el centro de un gran Imperio. A este rey se deben la famosa puerta de Istar y los jardines colgantes, una de las siete maravillas del mundo. Durante la hegemonía persa no había perdido pujanza y en sus calles se acumulaban los monumentos del pasado. Uno de ellos era el zigurat del templo de Marduk, conocido por las fuentes bíblicas como la Torre de Babel. Se trataba de una gran torre de ladrillo de más de ochenta metros y que sobresalía notablemente en todo el contorno. Marduk era la principal divinidad local y el rey de todos los dioses. Su templo se constituía en centro del cosmos y era también la casa de múltiples divinidades.

Alejandro permaneció un mes en Babilonia, dando un merecido descanso a sus soldados. Él en cambio tomó una serie de decisiones que condicionarán notablemente sus pasos posteriores. Es probable que recorriendo las calles de esta urbe pudiera apreciar la auténtica naturaleza del imperio que estaba creando. Aunque el elemento semita era el fundamental en Babilonia, también estaban presentes en ella muchas otras razas, atraídas por su fuerza económica o por miles de vicisitudes históricas. La ciudad era una auténtica Torre de Babel, pues lenguas, culturas y tradiciones diversas convivían con naturalidad en sus plazas y mercados. Esta forma de vida convenció a Alejandro de que sus conquistas no serían duraderas si no intentaba ser el rey de todos, y no solo el de la parte que había vencido en la batalla. Por ello comenzó a escoger a nobles persas para puestos importantes en su administración y no solo a griegos o macedonios como hasta el momento. Confirmó a Maceus como sátrapa de Babilonia; nombró a Mitrines sátrapa de Armenia y pronto hará lo mismo con muchos más.

Estas medidas de Alejandro, primero extrañaron a los suyos por sorprendentes y, en cuanto fueron generalizándose, acabaron provocando auténtico rechazo. El problema estribaba en la proverbial desconfianza de los griegos a todo lo que fuera extranjero (*xénos*). Siglos de historia habían ido acumulando hábitos intelectuales, falsos arquetipos, recelos sin sentido que llevaban a los griegos a despreciar todo aquello que procediera de los bárbaros. El mismo término bárbaro, de enorme éxito a lo largo de la historia, era claramente despectivo, y se aplicaba a los que solo podían articular sonidos extraños como bar-bar, ininteligibles para los griegos. Esta desconfianza era la lógica consecuencia del desarrollo de la cultura griega. Como ya se ha indicado en el primer capítulo, los griegos se desarrollaron en un mundo cerrado y pequeño en el que las comunicaciones eran enormemente difíciles. La mitología griega había llenado las aguas del mar o los caminos terrestres de fieras feroces o animales atroces que devoraban a aquellos que se atrevieran a surcar sus senderos. Ello provocó que los contactos entre comunidades fueran muy infrecuentes y la sociedad griega se volcara hacia el interior, en el seno de familias autárquicas dominadas por minúsculos horizontes.

Los griegos recelaban habitualmente de los extraños, llegando algunas polis a hacer periódicas expulsiones en masa o a hacerles pagar un canon especial si deseaban vivir en sus comunidades, como hacía Atenas con los metecos (extranjeros residentes). Si ese recelo era habitual entre los mismos griegos, entre los que no hablaban su lengua podía llegar al paroxismo. Los bárbaros eran vistos como unos seres inferiores, alejados de los beneficios de su cultura y de su civilización. Por ello su condición era la de esclavos por naturaleza y destinados al servicio y al aprovechamiento económico. Y de esta manera eran vistos los asiáticos por los macedonios y los griegos que formaban el ejército. Por ello no terminaban de comprender por qué su rey era tan generoso con algunos de ellos entregándoles confianza y poder. Para Alejandro en cambio Asia era una propiedad suya, concedida por los dioses y ganada por la lanza, y no un botín de griegos y macedonios. Estos le ayudaban en la conquistas, pero él debía ser ante todo, el rey de sus súbditos, tanto griegos como asiáticos.

Ya avanzado el mes de diciembre del 331 el ejército macedonio alcanzó Susa, capital administrativa del Imperio persa, situada al sureste de Babilonia, a mitad de camino de Persépolis. La ciudad fue entregada por Abulites, el gobernador persa, que fue confirmado en el cargo. En ella se encontraba el palacio real construido por Darío I y, sobre todo, el tesoro de la monarquía: unos 50.000 talentos de plata sin acuñar, una auténtica fortuna que compensó a los macedonios de tantos esfuerzos anteriores.

Hay que recordar que las campañas de Alejandro le costaban unos 7.000 talentos anuales. En Susa quedó alojada la familia de Darío III, que todavía estaba en posesión de Alejandro, y allí se encontraron las estatuas de Harmodios y Aristogiton, los tiranicidas tallados por Antenor, robadas por Jerjes el año 480 cuando saqueó Atenas. Alejandro las devolvió a los atenienses, sus legítimos dueños, para que volvieran a disfrutar de ellas.

3. La envidia de los dioses

Poco tiempo se entretuvo Alejandro en Susa, pues en enero del 330 ya se encontraba de camino a Persépolis, la ciudad emblemática de la dinastía Aqueménida. Alejandro seleccionó una tropa escogida de unos 15.000 soldados para ir por el camino más directo, mientras que el resto del ejército y la impedimenta fueron enviados por otro lugar. La ruta que atravesaba las montañas no estaba exenta de peligros. Una tribu de pastores llamados uxios vivía del saqueo de los caminantes y le exigió a Alejandro el pago del canon que habitualmente entregaban los reyes persas para transitar libremente por esos lugares. Alejandro se negó a someterse a algo tan humillante y los convocó a una reunión. Cuando los uxios se congregaron, su ejército los rodeó y acabó con la mayoría.

Más problemas tuvo Alejandro cuando continuó su avance por los montes Zagros. En ellos había un estrecho desfiladero conocido como las Puertas Persas, que guardaba el camino hacia el este. Allí se había concentrado una fuerte tropa enemiga mandada por el sátrapa Ariobarzanes, que había procedido a fortificar el paso con muros y trincheras. Alejandro intentó un asalto frontal contra las defensas persas y fue rechazado a las primeras de cambio. Sin embargo, logró enterarse de que existía un peligroso paso que rodeaba la zona defendida por los persas. De noche y arriesgando la vida, Alejandro cruzó el camino y al amanecer se encontraba a espaldas del enemigo. Con señales de

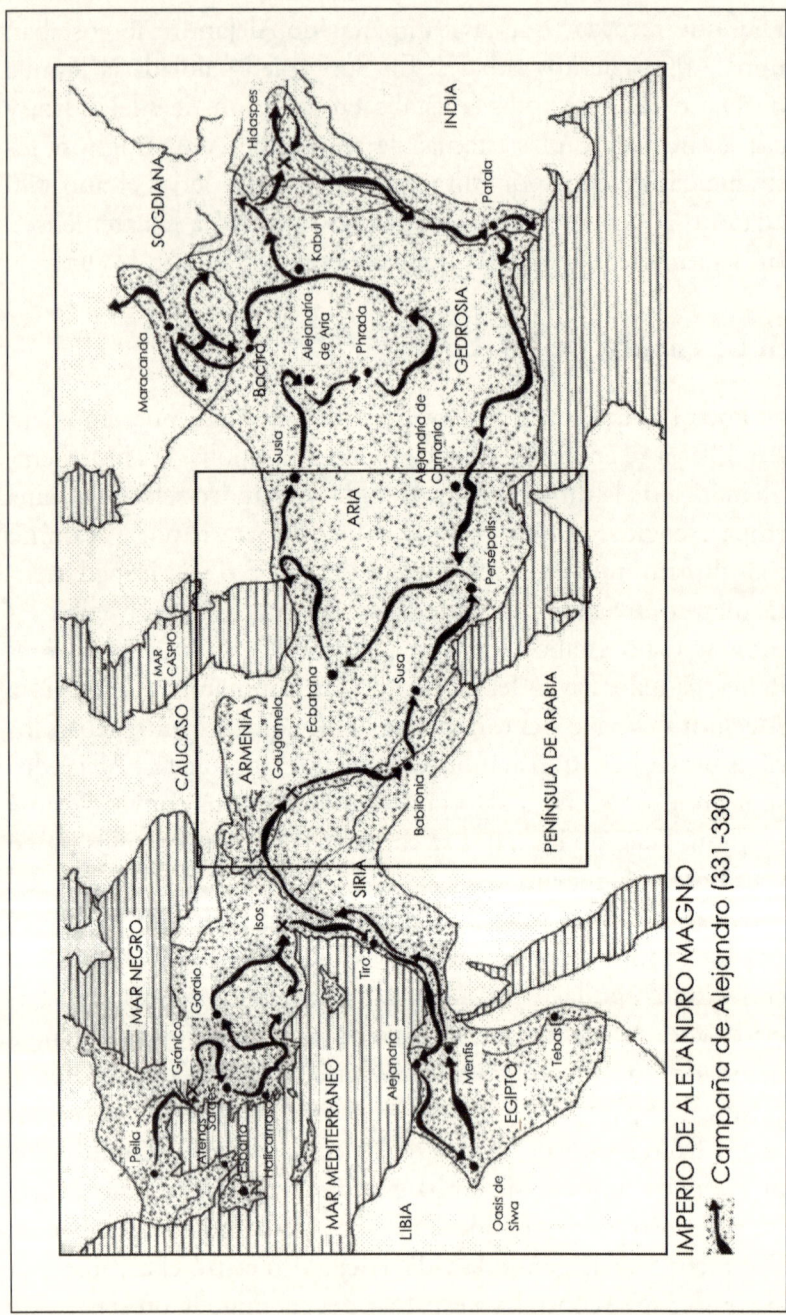

IMPERIO DE ALEJANDRO MAGNO
Campaña de Alejandro (331-330)

trompetas coordinó con la tropa principal un asalto conjunto, acabando con toda la resistencia. Ya nada se le interponía en la conquista de Persépolis, donde entró victorioso a comienzos de febrero.

Esta ciudad, debido a su posición marginal en el conjunto del Imperio persa, no tenía una importancia administrativa o económica. Los reyes vivían la mayor parte del tiempo en Susa o en Babilonia. Sin embargo, tenía un valor simbólico, pues era la ciudad de donde había surgido la familia real Aqueménida. Consistía en un conjunto palacial construido sobre un elevado zócalo en el que destacaban la Apadana o gran salón de audiencias, el palacio propiamente dicho, el harén y la cámara del tesoro. Prácticamente todos los reyes persas lo embellecieron y lo mantuvieron, conservado como símbolo dinástico y de poder.

Alejandro pasó unos tres meses en este lugar mientras continuaba la organización de su incipiente imperio. Antes de abandonar la ciudad a mediados de mayo, ocurrió el conocido incendio de Persépolis. Arriano señaló que la causa fue el deseo de venganza por las destrucciones causadas en Grecia por los persas y en especial de la acrópolis de Atenas a cargo de Jerjes. Sin embargo, en la Antigüedad se extendió otra versión, más bien infundada, por la que el incendio de Persépolis se debió a una borrachera y a una reacción desmedida de Alejandro. Según esta interpretación, para conmemorar la partida de Persépolis se celebraron juegos y competiciones atléticas. De noche el vino corrió entre los invitados de Alejandro y, en medio del alboroto, una concubina de nombre Thais pronunció un encendido discurso sobre la venganza y propuso quemar el palacio. Todos tomaron antorchas y siguieron a Alejandro que prendió fuego a las más bellas estancias de Darío. Ni que decir tiene que ello fue motivo de escándalo y que de esta acción surgieron múltiples críticas a la figura del rey.

Pero probablemente nada de eso pasó. La arqueología ha podido detectar dicho incendio, el cual no afectó a todo el conjunto palacial sino a unas pocas estancias de las que previamente se habían retirado los muebles. De hecho el palacio siguió funcionando con regularidad durante años. La acción de Alejandro fue probablemente un acto simbólico y controlado; el último acontecimiento antes de abandonar la ciudad. Él era el portador de una tarea entregada por la liga de ciudades griegas que le apoyaban: la venganza sobre los persas por el mal causado. El incendio en el palacio emblemático de los reyes persas fue la imagen visible de que la guerra había acabado y de que el rey macedonio había cumplido la promesa hecha en Corinto a todos los griegos. Tras ello solo le quedaba disolver el ejército de aliados griegos, lo que hará unas semanas después.

Mientras contemplaba el incendio simbólico de Persépolis, Alejandro debió de volver a pensar en todos los acontecimientos vividos por él en los últimos años y en los siglos de historia violenta entre griegos y persas. Conociendo su personalidad, debió de atribuir al destino el desenlace final de estos hechos. Para un griego como Alejandro, profundo conocedor de la mitología, era obvio que en la persona de Darío III se cumplía el típico modo de proceder de los dioses con los hombres. Como decía el poeta del siglo VI Teognis: «Ningún hombre es responsable de su propia ruina o de su propio éxito: estas dos cosas son don de los dioses. Ningún hombre puede llevar a cabo una acción y saber si su resultado será bueno o malo. La humanidad, completamente ciega, sigue sus fútiles costumbres; pero los dioses lo encaminan todo al cumplimiento que ellos han proyectado». La mentalidad trágica de los griegos les llevaba a creer que la humanidad era un juguete, una especie de marioneta en la mano de los dioses. A ellos les dolía todo éxito de los humanos, toda felicidad que pudiera por un momento hacerles olvidar su condición de mortal. Para los dioses era un juego habitual hacer pensar a los hombres que eran felices y dichosos, a fin de precipitarlos inmediatamente después en la desesperación.

Los dioses griegos tenían envidia (*phthonos*) de los hombres y cuando advertían una excesiva felicidad se llenaban de justa indignación (*némesis*), pues el éxito provoca la arrogancia (*hybris*) entre los mortales y ello altera el orden natural de las cosas. La forma frecuente con que los dioses solían castigar a los hombres felices y confiados era con la ofuscación (*ate*), una especie de locura que los cegaba y los llevaba a cometer actos precipitados y sin sentido hasta conducirlos a su propia autodestrucción. Seguro que Alejandro, mientras contemplaba el fuego de Persépolis, pensó en los versos de Esquilo en su tragedia *Los Persas*, cuando el mensajero que comunica a la reina la derrota de su hijo Jerjes en Salamina la atribuye a la envidia (*phthonos*) de los dioses. Estos hicieron creer al rey persa que la fortuna estaba de su lado, para luego arrebatarle todo en lo que él confiaba.

Qué duda cabe que Alejandro podría sentirse el instrumento de los dioses para castigar la arrogancia (*hybris*) de los reyes Aqueménidas. Estos habían triunfado sobre pueblos y naciones y habían disfrutado de siglos de gloria y esplendor. El éxito desmesurado suponía un peligro pues dañaba el equilibrio querido por los dioses. El invadir Grecia e intentar someter a sus habitantes fue sin duda el primer síntoma de ofuscación (*ate*) de los persas, señal clara de que la *némesis* estaba actuando en su contra, de un proceso irreversible en el que Alejandro ponía el punto final. La única manera de detener el destino era aplacar a los dioses con actos de culto y sacrificios, especialmente de los despojos de las guerras. Los persas siempre habían despreciado a los dioses ajenos y habían destruido sus lugares de culto; de ahí su destino fatal. Alejandro, en cambio, intentó actuar de modo bien distinto, cuidando sus obligaciones religiosas tanto o más que sus compromisos militares. Cada día realizaba los sacrificios a los que estaba obligado todo rey macedonio; siempre honraba a los dioses del panteón griego en los momentos fundamentales, especialmente a Zeus, Atenea, Poseidón o Ares. Pero además, y eso era extraño en un griego, respetó los cultos locales de sus súbditos asiáticos y se sometió a sus rituales religiosos: en Tiro honró a Melkar, en Egipto al buey Apis y en Babilonia al dios Marduk. Tradición religiosa y estrategia de conquista se unían así en un magnífico combinado que aseguraba la gobernación del nuevo imperio.

Cuando Alejandro abandonó Persépolis lo hizo con destino a Ecbatana, capital de los medos. Allí se había refugiado Darío tras la batalla de Gaugamela. Su captura se había convertido ahora en una cuestión prioritaria, pues una vez controlado el corazón del Imperio persa había que ocuparse de su cabeza. Darío no podía seguir en libertad pues para muchos asiáticos representaba aún la legitimidad dinástica, y eso suponía un enorme peligro para el futuro. Muchos historiadores se han preguntado qué estuvo haciendo Darío en Ecbatana desde octubre del 331 hasta abril del 330. No consta que intentara reclutar un nuevo ejército, aunque sí que pidió ayuda a algunas satrapías, pero no en la cuantía que hubiera requerido una nueva campaña contra los macedonios. Es probable que creyera que Alejandro se contentaría con la conquista de Mesopotamia y la posesión de los gigantescos tesoros que había encontrado en los palacios reales. La parte oriental del Imperio persa era la zona menos poblada y se encontraba surcada por grandes desiertos sin interés. A Darío le cabía la esperanza de que los macedonios hubieran satisfecho ya sus ansias de gloria y pusieran rumbo a sus hogares. Pero se ve que no conocía bien a Alejandro.

El ejército macedonio recorrió en apenas un mes los 700 kilómetros que separaban Persépolis de Ecbatana (Hamadar). Tres días antes de alcanzar la ciudad Alejandro fue informado de que Darío se había retirado con 9.000 soldados hacia oriente intentando alcanzar las Puertas Caspias. En la ciudad Alejandro despidió a los soldados griegos de la Liga de Corinto tras recompensarlos magníficamente. Había cumplido su tarea como *hegemon* de vengarse de los persas y ya no era necesaria su presencia. Al frente de la caballería y de destacamentos selectos de infantería se dispuso a perseguir a Darío. El primer tramo fue frenético pues había que recuperar el tiempo perdido. En Raga (Teherán) antes de las Puertas Caspias tuvo que dar un descanso de varios días a sus hombres y caballos pues estos comenzaban a flaquear. Sabía que Darío iba perdiendo hombres que desertaban de su bando por desánimo, y que su marcha se hacía cada vez más lenta.

Entonces se enteró de que Darío había sido destronado y hecho prisionero por Beso, sátrapa de Bactria, que se había proclamado rey. Por ello redobló su marcha viajando solo con la caballería y unos pocos soldados especialmente preparados. Aprovechando atajos y cabalgando incluso de noche consiguió alcanzar a los persas. Cuando estos se vieron sorprendidos por Alejandro, que apareció de improviso con solo sesenta jinetes, Beso asesinó a Darío para que no cayera en las manos de los macedonios. Alejandro solo pudo recoger el cadáver del que había sido su principal enemigo. A pesar de ello lo honró como merecía su condición real. Así se ponía fin al Imperio persa: las satrapías más importantes estaban ya en manos de los macedonios y la dinastía completamente descabezada.

7. EN BUSCA DEL OCÉANO

1. Hacia donde sale el sol

La muerte de Darío III fue recibida sin duda con satisfacción por los soldados macedonios. Ello podía suponer el fin de la contienda y el regreso a casa. Aunque el ejército se había renovado en buena medida con la llegada de continuos refuerzos, muchos de los que abandonaron sus hogares el año 334 para seguir a Alejandro, aún permanecían en su compañía. Entre todos debía de reinar el orgullo por lo conseguido en esos cuatro años: espléndidas victorias, magnífico botín, y el honor de haber luchado junto a un general valeroso. Los esfuerzos y los miles de kilómetros recorridos merecían un descanso. Sin embargo Alejandro tenía otros planes. Él quería seguir hacia el este, hacia donde sale el sol. Por un lado le atraía explorar y conocer una tierra ignota para los griegos, con gentes y costumbres inauditas. Por otro lado consideraba de justicia vengar la muerte de Darío III. Alejandro, desde tiempo atrás, había dejado de ser el simple rey de los macedonios. Él era el rey de Asia y por lo tanto el continuador de los reyes persas; y un rey, por principio, no podía consentir el regicidio. Esto era en la

Antigüedad un axioma absoluto; incluso si un rey llegaba al poder gracias al asesinato de su antecesor, su primera obligación era castigar a los culpables, sobre todo para que se supiese que si él también era asesinado, su sucesor tomaría venganza de los asesinos.

Cuando el ejército macedonio se enteró de que iban a seguir hacia adelante cundió el desánimo. Muchos veteranos comenzaron a murmurar y a manifestar su descontento. Alejandro tuvo que desplegar todo su carisma y fuerza de voluntad hasta convencerlos. Les dijo que si querían podían abandonarle, pero que él seguiría solo. Ante esa posibilidad todos los macedonios se entregaron a los deseos de su rey. Alejandro los dirigió rumbo norte hacia el Mar Caspio. Allí se encontraba la ciudad de Zadracarta, donde se habían refugiado muchos de los nobles persas que habían huido con Darío. Muchos de estos se rindieron a Alejandro, el cual no solo los perdonó sino que también los empleó en cargos administrativos. En la ciudad halló a 1.500 mercenarios griegos que habían estado a las órdenes de Darío. La mitad fue licenciada y enviada a casa, mientras que al resto los contrató con el mismo salario que les entregaba el rey persa.

Una vez asegurado el flanco izquierdo de la vía que conducía hacia el este, Alejandro se puso de nuevo en camino con sus hombres. Su objetivo era la ciudad de Bactra donde se había refugiado Beso. Cuando se dirigía hacia allí le salió al encuentro un aristócrata persa de nombre Satibarzanes, sátrapa de Aria, el cual se había destacado por haber luchado al lado de Beso en la batalla de Gaugamela. Este noble le comunicó a Alejandro que Beso había asumido el título de rey de Asia, había tomado el nombre de Artajerjes y, como era pariente de Darío III, esperaba asumir la continuidad de la dinastía Aqueménida. Ante el cariz que estaban tomando los acontecimientos Alejandro decidió acelerar su marcha sobre Bactra para atrapar a Beso. Sin embargo, Satibarzanes no tardó mucho en traicionarle. Al poco de entregarle la información volvió hacia su satrapía, asesinó a los cuarenta ma-

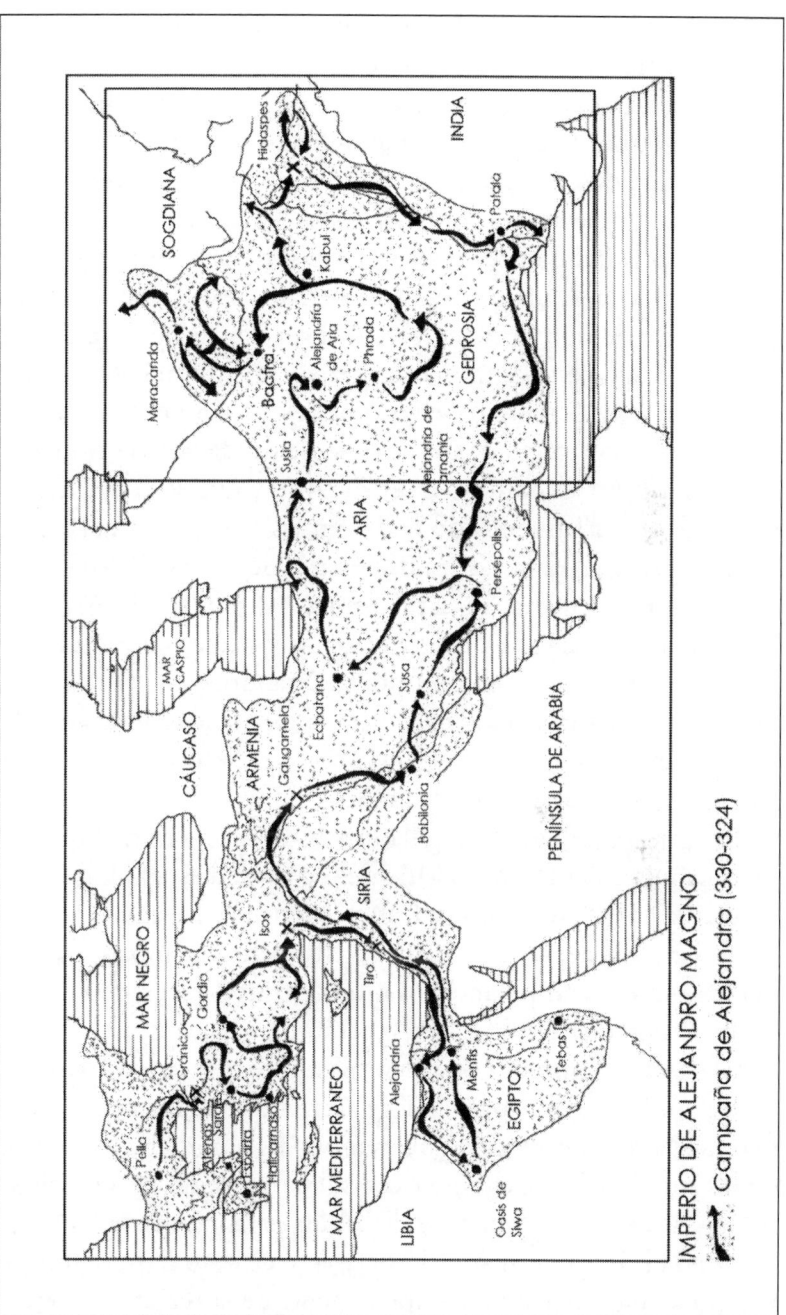

IMPERIO DE ALEJANDRO MAGNO
Campaña de Alejandro (330-324)

cedonios que le acompañaban y se dispuso a reclutar un ejército. Su intención era forzar a Alejandro con la información entregada para que marchara contra Beso, a la par que él atacaría a los macedonios por la espalda, causándoles así un mayor daño. Por suerte para todos, Alejandro conoció pronto los planes de este sátrapa y, a fin de evitar encontrarse rodeado, decidió posponer su marcha hacia Bactra y dirigirse hacia el sur contra Satibarzanes.

Este cambio de planes obligó al ejército macedonio a permanecer de septiembre a diciembre en el sur del actual Afganistán. La conquista de estas satrapías fue relativamente fácil y no hubo lugar a grandes batallas o peligros extremos. La novedad de estos meses será el inicio de un proceso de fundación de ciudades que van a llevar el nombre de Alejandría y que se convirtieron en el mejor instrumento de poder en las manos de Alejandro. De estas semanas datan la fundación de Alejandría de Aria (Herat), antigua fortaleza de Satibarzanes, Alejandría de Aracosia (Kandahar) y Alejandría del Cáucaso, muy cerca de Kabul. No hay que extrañarse en absoluto que Alejandro se convirtiera en un gran fundador de ciudades. Para la mentalidad griega era la forma habitual en la que los hombres civilizados vivían, y su ausencia era síntoma claro de atraso.

Los griegos habían desarrollado un sistema de ciudad que no tenía cabida en el Próximo Oriente. La ciudad estado había nacido en la cuenca del Tigris y Éufrates muchos milenios antes de que los griegos llegaran a soñar con ella, pero sin embargo se había organizado con parámetros muy distintos. La ciudad oriental era básicamente piramidal y jerárquica: centrada en torno al palacio y al templo. Los reyes-sacerdotes que las gobernaban eran el núcleo del que partían las relaciones ciudadanas. Al rey le pertenecía todo; la riqueza iba siempre de la periferia al centro; de los súbditos hacia el poder central como signo de sumisión. Allí era almacenada y luego se distribuía para manifestar la magnanimidad del gobernante. Las clases sociales o la posición de los ciudadanos dependía completamente de la cercanía al rey.

En cambio en Grecia, a partir del siglo VIII a.C., se desarrolló, con ayuda de los fenicios, un nuevo tipo de ciudad que ya no tenía una estructura vertical sino otra completamente horizontal. A la cabeza ya no se encontraba un rey poderoso, sino un estrato de hombres libres que se relacionaban unos con otros en plano de igualdad; con comunidad de derechos ciudadanos y cuya economía se basaba en la propiedad privada. La polis griega era una comunidad de hombres libres, convocados a participar en sus instituciones y en especial en la asamblea popular o ágora.

Esto era lo que tenía Alejandro en la cabeza cuando comenzó a llenar las satrapías orientales de polis que llevaban su nombre. En primer lugar, estas ciudades eran un buen emplazamiento donde asentar a veteranos cansados de tantas marchas o a heridos e impedidos. Allí recibían un nuevo hogar, abundantes tierras para cultivar y una recompensa por sus servicios. A cambio, la nueva ciudad se convertía en un bastión del imperio de Alejandro, pues sus habitantes se encargaban de mantener la paz en toda la zona. Pero también las ciudades respondieron a otros intereses. Unas se ubicaron a lo largo de rutas de carabanas, con la intención de mantener y fomentar un comercio que pudiera beneficiar a todos: tal es el caso de Alejandría de Aracosia, en plena vía de comunicación con la India, o de Alejandría de Oxo, en la ruta hacia Samarcanda. Otras ciudades fueron fundadas en zonas poco urbanizadas y despobladas, como Alejandría del Cáucaso o Alejandría Escate, y su misión más importante era la de empujar hacia la civilización a los escasos habitantes de la zona.

El único problema serio que tuvo Alejandro en estos meses finales del 330 fue en la ciudad de Phrada (Farah) donde se descubrió una conspiración que pretendía asesinarle. Aunque no se conocen bien todas las circunstancias, lo cierto es que Alejandro acusó de alta traición ante la asamblea de soldados macedonios a Filotas, hijo de Parmenión y comandante de la caballería de los Compañeros. Este había sido informado de que algunas personas muy próximas al rey, en concreto Demetrio, uno de sus guardaespaldas, planeaban asesinarle. Aunque en principio negó la acusación, Filotas acabó confesando que sí se había enterado, pero que no le dio importancia y no se lo comunicó al rey. La asamblea militar le condenó a muerte, ya que él visitaba dos veces al día la tienda de Alejandro y su obligación era contarle lo que sabía.

La resolución del tribunal creaba un segundo problema: ¿cómo reaccionaría Parmenión a la ejecución de su hijo? Las fuentes señalan que entre Alejandro y su más importante general existían tensiones desde Egipto, por el modo de llevar la guerra, por el comportamiento orientalizante del rey y sobre todo porque este no quería poner fin a las campañas militares. Antes de que Parmenión pudiera reaccionar con furia y usar al ejército macedonio contra el propio Alejandro, el rey resolvió enviar un agente secreto hasta Ecbatana con la misión de asesinarle a sangre fría. Las órdenes del rey se cumplieron puntualmente.

Tras recoger abundantes víveres y recomponer los mandos del ejército, Alejandro pensó que la mejor manera de tener a sus soldados apartados de conjuras y de problemas sin sentido era volver a entrar en acción. Por ello recuperó el proyecto de ir a buscar a Beso a Bactria y concluir la venganza por la muerte de Darío. Como el invierno estaba ya entrado, decidió pasar los meses de enero y febrero en Alejandría del Cáucaso, muy cerca de Kabul, al pie del gigantesco Hindu Kush, o sea, la montaña de la India.

2. Un tiempo para la ciencia

Los años 329 y 328 fueron especialmente duros por las nuevas circunstancias de la guerra. Alejandro Magno había derrotado en tres grandes batallas a los ejércitos persas y había ocupado rápidamente Asia Menor, Siria, Egipto, Mesopotamia y Persia. En estos lugares no encontró resistencia local; la población autóctona se entregó con entusiasmo al nuevo conquistador pues no tenía nada que temer de él. Si bien esto es lógico, en cambio siempre ha sorprendido que ocupara tan fácilmente Persia como si fuera Egipto o Siria. En Persépolis o Ecbatana cabría entender una mayor resistencia local, pues no en vano eran los artífices del Imperio persa. Sin embargo, no mostraron en su defensa mayor ahínco que otras partes. Pero esta situación ya no se repetirá más para el ejército macedonio. Tanto en las satrapías orientales como en la India, Alejandro encontrará auténtica resistencia; enormes poblaciones que no estaban dispuestas a abandonar a sus jefes, muchas veces tribales, y aceptar a un extranjero desconocido. De tal manera que su progresión en estos años va a ser a costa de luchas duras y sin gloria.

A ello se añadió un segundo factor: el desconocimiento que griegos y macedonios tenían de estas tierras y de sus pueblos, que les llevaron a veces a tomar decisiones desacertadas. Persiguiendo al sátrapa Beso, que se había declarado sucesor de Darío, Alejandro se introdujo en un país de enorme diversidad, cruce de influencias entre los nómadas escitas (sacas) y las poblaciones sedentarias del Irán. Gentes altivas que los persas habían tratado con reserva, y cuya aristocracia soportaría difícilmente el autoritarismo de un conquistador. Entre el pie del Hindu Kush y el curso alto del Oxo (Amu Daria), cuyas fuentes estaban en el Himalaya, se extendía toda la Bactria, llanura entonces cuidadosamente regada y célebre por su riqueza. Luego, entre el Oxo y el Yaxartes (Sir Daria) discurría la Sogdiana, tierra muy rica y próxima a la estepa, donde sus jinetes tenían fama de valerosos y sus jefes tribales vivían en encaramadas fortalezas, auténticos nidos de águilas, en las imponentes peñas que conducen a la meseta de Pamir.

Alejandro necesitó en estos momentos de una colaboración especial que solo había intervenido en algunas ocasiones, aunque no de modo determinante. Junto al rey macedonio viajaba un cortejo de intelectuales y hombres de ciencia destinados a mejorar la percepción del espacio que los griegos tenían del imperio persa. Ahora el papel de los cartógrafos, naturalistas, geógrafos y topógrafos va a ser indispensable, porque los griegos no sabían exactamente ni dónde estaban ni qué tenían delante.

La visión del mundo en la Antigüedad era esencialmente lineal. Se conocían con frecuencia las distancias entre localidades o entre accidentes geográficos, pero faltaba la visión espacial del conjunto; una percepción acertada de los espacios y de las distancias de un punto con todos los demás. Se podía trazar la línea entre una ciudad y otra y que esta transcurriera paralela a líneas semejantes, pero con frecuencia se desconocía qué había entre una línea y otra y si estas eran realmente paralelas. La falta de una visión de conjunto se solucionaba rellenando las lagunas del conocimiento con leyendas y símbolos mitológicos; en general, relatos de pueblos extraños, animales fabulosos y fieras terribles. De hecho se mantuvo durante siglos en el imaginario griego la idea de que la tierra estaba formada por tres grandes islas: Europa, Asia y África, las cuales estaban rodeadas por un gigantesco río que se llamaba Océano.

Ello provocaba distorsiones enormes: las cadenas montañosas se alargaban extraordinariamente; la línea costera se deformaba en formas sinuosas; los países y los pueblos se desubicaban unos respecto a otros. En época de Alejandro se pensaba que el Hindu Kush, que bordea el Himalaya, era la continuación del Cáucaso (Armenia) y este a su vez, era la prolongación del Tauro en Asia Menor. César, cuando invadió Britania (54-53 a.C.), pensaba que la costa occidental de la isla corría paralela y cercana a la costa Cantábrica de la Península Ibérica. Además, la percepción subjetiva de la lejanía era mucho mayor, pues no se basaba en datos reales sino en impresiones de viajeros y caminantes: las cosas estaban mucho más allá de lo real. Esto permitió la creación de abundantes espacios míticos, pues los lugares desconocidos solían ser refugio de dioses o de animales legendarios.

Alejandro y los científicos que lo acompañaban no sabían exactamente dónde estaban entrando. Geógrafos anteriores como Hecateo de Mileto o el mismo Heródoto habían elaborado un mapa del mundo con muchísimas lagunas. Incluso Aristóteles intentó mostrar a Alejandro un posible mapa del mundo en el que vivían. El problema fundamental era que, así como los griegos tenían información acertada sobre Oriente, gracias a los frecuentes contactos con los persas, esta información se iba volviendo frágil e insegura en la medida en que se refería a países lejanos del Mar Egeo; y en estos momentos Alejandro estaba a muchos kilómetros de distancia de su hogar. A comienzos del año 329 los geógrafos de Alejandro pensaban que desde el norte de Aria (Alejandría de Aria) hasta el Hindu Kush habían dado la vuelta al Mar Caspio y que se encontraban en su lado norte, al final de la cordillera del Cáucaso; ello suponía que el Mar Negro no estaría muy lejos hacia el oeste, y por lo tanto un poco más allá se encontraría Macedonia.

Aristóteles pensaba que Europa se separaba de Asia en el río Tanis (el Don) y que África lo hacía de Asia en el Nilo. Pero los cursos superiores de estos ríos eran desconocidos. Se pensaba que los límites del mundo estaban despoblados o eran habitados por nómadas de las estepas, y en el norte de Europa y Asia por escitas. Asia se articulaba en torno a una gigantesca cordillera que iba de Cilicia a la India y que tenía cuatro tramos: Taurus, Parnaso, Cáucaso y Parapamiso (Hindu Kush). Al este se hallaba la India, una pequeña península que iba en esa dirección y que era la última tierra habitada. El que atravesara el Parapamiso vería el mar exterior (Océano). Alejandro y sus hombres creían que según se iba hacia el este la anchura de la tierra era menor y por lo tanto el Océano estaría cada vez más cerca. Era obvio que si lograban alcanzarlo se lograría abrir una ruta marítima, más rápida y segura que la terrestre, que permitiría alcanzar Macedonia a través del Don y del Mar Negro en un tiempo razonable. Ello haría mucho más gobernable el gigantesco imperio recientemente creado. Por este motivo, Alejandro gastará dos años de su vida y de las de sus hombres buscando en una tierra yerma una salida al mar que no existía.

Llegada la primavera el ejército macedonio abandonó el Hindu Kush. Beso, que conocía la superioridad de las tropas de Alejandro, decidió no impedirle la entrada en Bactria, sino practicar una táctica de tierra quemada, destruyendo campos, graneros y forrajes para que los macedonios murieran de hambre. Esperaba que entonces se darían la vuelta y sería el momento de atacarles por la espalda hasta derrotar al último de ellos. Sin embargo la tenacidad de Alejandro y el aguante de sus soldados hicieron fracasar esta táctica y alcanzar la ciudad de Drapsaka, donde pudieron descansar y reponerse. Beso, al conocer el fracaso de su táctica, huyó hacia el norte, al otro lado del río Oxo, y ello provocó su ruina. Toda la caballería bactriana le abandonó, molesta por las destrucciones causadas y por dejar sus tierras a merced de los macedonios sin luchar. Gracias a ello Alejandro pudo entrar en la capital Bactra, y sus habitantes y todos los bactrianos le aceptaron como rey. En estos momentos ya comenzaba a advertir que, en contra de lo esperado, la zona entre las montañas y el Océano era mucho más extensa de lo que creían y estaba poblada por tribus con una magnífica caballería.

Beso, el asesino de Darío III, pronto caería en sus manos. Sus propios seguidores, y sobre todo un noble local llamado Espitamenes, lo hicieron prisionero para entregarlo a Alejandro. El antiguo sátrapa fue torturado y condenado públicamente a muerte. A partir de ese momento la situación estratégica de Alejandro comenzó a cambiar, pues sus objetivos principales se habían alterado profundamente. Hasta ahí sus últimas operaciones se habían dirigido a perseguir y atrapar a un fugitivo: primero a Darío III y luego a Beso. Ahora el enemigo había cambiado radicalmente, pues a quien había que vencer era a pueblos y naciones enteras, capaces de resistir la ocupación y de enfrentarse al conquistador en múltiples lugares. Sin embargo, Alejandro consideró el riesgo como asumible, interesado como estaba en seguir marchando hacia el norte en busca del Océano y de una pronta comunicación con Macedonia.

El verano del 329 Alejandro operará en torno a la ciudad de Maracanda (Samarcanda), capital de Sogdiana. En esta zona logró someter hasta siete ciudades, a un ritmo bastante rápido; pero lo peor sucedería inmediatamente después. Los macedonios experimentaron por primera vez el rechazo general de la población, que intentaba causarle el mayor número de bajas posibles. En estas circunstancias hasta Alejandro llegó la noticia de una fuerte concentración de tropas escitas al otro lado del río Jaxartes. Este río tenía una especial significación, pues en época de Alejandro se creía que era el mismo Tanais (el Don). Los geógrafos pensaban que el Tanais, el actual Don, desembocaba en el Mar Negro y que su largo curso discurría hacia el este, hacia donde estaban los macedonios. Por lo tanto se trataría del último río antes del Océano y por lo tanto había que cruzarlo y reconocerlo.

La operación no fue nada fácil pues las fuerzas enemigas ocupaban la otra orilla e impedían cualquier desembarco. Con catapultas y balística Alejandro limpió la orilla de enemigos y logró hacer cruzar a todo su ejército. En una brillante batalla en la que el rey macedonio impidió a los escitas desarrollar su táctica de maniobras envolventes, Alejandro consiguió hacer huir al enemigo causándole importantes bajas. La proximidad del duro invierno canceló cualquier operación militar. Las tropas macedonias se dispusieron a pasar la estación en Bactra, la capital de la recién conquistada satrapía de Bactria.

3. Poco antes del fin del mundo

El año 328 fue especialmente duro para Alejandro Magno. Las tropas macedonias tendrán que enfrentarse a un tipo de guerra para el que no estaban acostumbradas, o en las que no se habían ejercitado hasta ahora: la guerra de guerrillas. Los sogdianos reaccionaron ante la conquista con acciones puntuales: ataques rápidos y efectivos aprovechando la resistencia de sus caballos, y retirada bien hacia el interior de sus montañas o hacia el desierto occidental. Hay que reconocer que en estos territorios Alejandro no logró ganarse la confianza de los habitantes y tuvo que luchar contra un enemigo para el que su ejército no estaba preparado. Mientras que hasta ahora se había enfrentado a ejércitos poderosos, a los que había vencido en batallas brillantes, por primera vez no tendrá enfrente un enemigo digno de su capacidad militar, sino una población que luchaba por su autonomía, por sus vidas y sus posesiones, y que creía que los macedonios solo traerían destrucción. A este enemigo se le podía perseguir, debilitar o castigar, pero nunca vencer y mucho menos conquistar.

Por suerte para Alejandro, a comienzos del año 328 llegaron de Grecia nuevos refuerzos que le permitieron afrontar las campañas previstas. Con la primavera recién llegada, Alejandro convocó a los líderes locales en Bactra con la intención de lograr la paz. Él buscaba ser reconocido como sucesor de Darío III y por lo tanto rey de Asia. Sin embargo la reunión no llegó a producirse pues los nobles locales pensaron que una negociación con el conquistador solo podría beneficiar a este. En estas circunstancias surgirá un nuevo jefe tribal que aglutinará la reacción contra los macedonios. Se trataba de Epitámenes, emparentado con la familia Aqueménida, y que con importantes contingentes de escitas se convirtió en una pesadilla para las tropas macedonias.

El plan de Alejandro para acabar con la resistencia fue doble. En primer lugar, controlar el desierto que se extendía hacia el Mar Caspio, ocupando los oasis en los que tenían que detenerse necesariamente. Por este motivo se fundó en el verano del 328 la ciudad de Alejandría en Margiana (Merv) y pudo controlar así los caminos que cruzaban el desierto. Pero el esfuerzo mayor se dirigió hacia el interior, hacia los valles de montaña donde se refugiaban sus enemigos. Para ello dividió el ejército en cinco unidades y todas ellas afrontaron objetivos muy concretos. En una campaña que parecía no tener fin, los cinco ejércitos fueron confluyendo en Maracanda tras haber completado sus misiones.

En esta ciudad tuvo lugar un hecho luctuoso. En una de las frecuentes cenas que daba Alejandro a sus oficiales tuvo lugar la muerte de Clito el Negro a manos del mismísimo rey. Todos los comensales se encontraban agotados por la difícil campaña y estresados por las luchas constantes, y el vino comenzó a correr en abundancia. Pronto surgieron las riñas y reproches, sobre todo cuando la conversación se centró en los méritos de Filipo y en los de Alejandro, y en la política de este con respecto a los asiáticos. Parece ser que la voz más alta era la de Clito, que había salvado a Alejandro de morir en la batalla de Gránico y que comandaba la mitad de la caballería de los Compañeros. Además, Clito había sido nombrado recientemente sátrapa de Bactria y Sogdiana, y aunque eran lugares estratégicos, él pensaba que Alejandro quería librarse de él abandonándolo en una región muy próxima al fin del mundo. Ambos amigos se enzarzaron en una discusión que fue subiendo de tono. Alejandro llamó a la guardia y ordenó convocar al ejército. Como soldados próximos se hicieron cargo de la situación, y del estado del rey, no le obedecieron, lo que enfureció todavía más al monarca. En esto Tolomeo forzó a Clito a abandonar la sala pero este, una vez fuera, decidió volver a entrar. Entonces, Alejandro, temeroso de una conjura porque nadie le obedecía, y viendo regresar a la sala a Clito, pensó que volvía armado y lo atravesó con una sarissa. Ya más sereno, al darse cuenta de que su amigo no iba armado, lamentó muy profundamente la acción cometida.

El año 328 se cerró con mejores perspectivas. Por un lado la muerte de Epitámenes a manos de sus hombres y por otro lado una política más benévola hacia los lugareños hizo que poco a poco la situación se fuera controlando mucho más. Con la llegada del buen tiempo Alejandro afrontó los últimos puntos de resistencia que aún quedaban. En concreto, hasta él llegó la noticia de que en una fortaleza del interior de las montañas, conocida como la Roca Sogdiana, se habían refugiado los cabecillas rebeldes que aún quedaban, junto a un ejército numeroso. Se trataba de un auténtico nido de águilas de difícil acceso y prácticamente inexpugnable. Los defensores les habían advertido a los macedonios que solo podía conquistarse con soldados dotados de alas. Alejandro, como siempre, asumió el reto y buscó soldados que estuvieran dispuestos a escalar la roca por la noche. La recompensa a los que lo consiguieran sería de 12 talentos (312 kilos de plata). Trescientos voluntarios se dispusieron a escalar, y aunque unos pocos cayeron al vacío, la gran mayoría apareció al amanecer por encima de los defensores, dominando la roca. Como estos no sabían cuántos macedonios tenían encima, decidieron rendirse y entregar la fortaleza. Ante la Roca Sogdiana Alejandro acrecentó su fama de invicto y el prestigio entre los del lugar, pero también conoció allí a Roxana, la hija de Oxiartes un cabecilla local y quedó totalmente prendado de ella. Su matrimonio se celebró rápidamente, ayudando esto a la pacificación de la región.

Una vez apagados los últimos focos de resistencia, se consiguieron mayores progresos. Por un lado, el mejor trato a la población indígena permitió el aumento de su confianza, pero también se buscó reasentar en nuevos centros urbanos a muchos que malvivían en las montañas, con la esperanza de que ello ayudara a la paz y a la integración. A la postre, también Alejandro consiguió que su ejército se nutriera con magníficos jinetes sogdianos, e incluso con escitas, que voluntariamente se aprestaron a ello.

Ya avanzada la primavera, Alejandro reunió todo su ejército en Bactra para proceder a lo que había sido su gran sueño: la conquista de la India. Sin embargo, mientras se encontraba en dicha ciudad con estos preparativos se descubrió un nuevo complot para asesinarle. Los protagonistas esta vez eran los pajes próximos a Alejandro. Desde hacía mucho tiempo se había introducido en Macedonia la costumbre de que los hijos de nobles y hombres destacados crecieran en la corte y se educaran junto al príncipe heredero. Estos pajes eran jóvenes menores de edad, que aprendían lo necesario para convertirse en el futuro en la clase dirigente. Un grupo de estos pajes, liderado por Hermolaus, decidió asesinar a Alejandro mientras dormía, pues tenían acceso a la tienda real. Sin embargo, uno de ellos, conocedor de la trama, decidió confesar el plan y toda la conjura se descubrió a tiempo de que fuera neutralizada.

Las causas de este hecho parece que están en algunos cambios que había intentado introducir Alejandro en el protocolo de la corte. Él se consideraba rey de Asia y siempre quiso ser muy cuidadoso con los asiáticos, tratándolos como súbditos iguales a los demás. De hecho, el empleo de nobles persas como altos oficiales de la administración y del ejército, a la par que determinados matrimonios, estaban dando frutos esperanzadores. Mientras se encontraba en Bactra, Alejandro decidió introducir un nuevo elemento del protocolo persa: en concreto la postración en el suelo (*proskynesis*) ante su persona; gesto de respeto habitual en Oriente, que reflejaba la jerarquía entre el rey y el súbdito. Los asiáticos estaban acostumbrados a ello y les parecía muy complicado permanecer de pie ante el rey, considerándolo una ofensa. En cambio para los griegos la postración era vista como un servilismo insoportable. Ante el rechazo que suscitó el uso generalizado de la *proskynesis*, se decidió tomar una solución salomónica, consistente en un protocolo mixto, por el cual la relación y el saludo al rey dependería de la procedencia de cada cual. Sin embargo, todo esto no gustó a muchos en el entorno de Alejandro, pues no entendían tanta cercanía a los asiáticos. Dichas medidas, a la vez que el uso frecuente de ropas persas por parte de Alejandro y sobre todo, la posibilidad de que pudiera engendrar un hijo de Roxana y que la mitad de su sangre fuera asiática, provocó un serio descontento. Obviamente no todos sus hombres estaban dispuestos a asesinar al rey, pero qué duda cabe que entre Alejandro y los suyos se iba abriendo un abismo cada vez mas profundo.

8. LA INDIA

1. Los vecinos de la aurora

Para los griegos de la época de Alejandro la India era un término que evocaba misterio y fascinación; un mundo lejano donde todo era posible y que atraía especialmente a aquellos más valerosos, a los aficionados a los peligros, para los que las dificultades no suponían nunca un obstáculo insalvable. En la India se mezclaba lo real con lo ficticio, sin poder determinar nunca qué peso tenía cada uno de esos dos elementos. Los viajeros que alguna vez habían vuelto de este lejano país hablaban de abundantes riquezas en oro, que los indígenas enterraban en sus sepulturas. El suelo estaba tan plagado del preciado metal que hasta las hormigas, al cavar sus galerías, extraían el oro hasta la superficie. Junto a ello eran abundantes los ríos que portaban leche, miel, aceite o vino. A la par que de riquezas sin cuento, los viajeros también aludían a la presencia de seres portentosos: hombres de un solo ojo y cien orejas cuyos dientes se orientaban hacia dentro de la boca; mujeres con dos cabezas; seres salvajes y gigantescos que vagaban desnudos por el territorio. Los relatos no ahorraban detalles acerca de enormes escorpiones cuyos aguijones eran capaces de atravesar a un hombre corpulento, además de animales temibles que devastaban poblados enteros. Pero para todos los fascinados por estas noticias, la India era un territorio lejano, ubicado en el fin del mundo, más allá de cual solo se extendía el océano infinito. Heródoto lo resumió muy bien al escribir que «los indios son los vecinos de la aurora y los primeros moradores del verdadero Oriente o lugar del nacimiento del sol» (3.98).

La India era el territorio que se extendía al otro lado del río Indo, término que deriva de la palabra *sindhu,* que significa propiamente río. Los territorios que pisó Alejandro y sus macedonios fueron los del actual Punjab, palabra de origen persa, formada por la suma de *panch* (cinco) y *ab* (agua), en alusión a los cinco ríos que descienden del Himalaya y van vertiendo sus aguas unos en otros, hasta terminar en el Indo y luego en el mar. Formaban una especie de mano portentosa cuyos cinco dedos eran cada uno de estos cauces: el Indo, el Hidaspes, el Acesines, el Hidraotis y el Hífasis. Hasta aquí llegaba la información sobre la India. ¿Qué había más allá del Ganges?, solo Dionisios lo sabía, pues este dios griego había visitado dichas tierras mucho tiempo antes que Alejandro.

El rey Darío I había conquistado la India y la había incorporado a su imperio. Sin embargo, la presencia y el control persa fue siempre muy deficiente desde sus inicios, hasta tal punto que el país era prácticamente independiente. Estaba gobernado por monarcas autónomos, que reconocían solo en la teoría los derechos y la autoridad del rey de reyes. Alejandro Magno, como auténtico sucesor de los Aqueménidas, no podía renunciar a conquistar estas tierras, pues era preciso hacerse reconocer como rey de Asia también en esta parte del mundo. Dada la lejanía de la India respecto a los centros vitales del nuevo Imperio macedónico, a Alejandro le sucedió lo mismo que a Darío: su conquista fue muy efímera y no pudo establecer bases sólidas para el control.

En Bactra, hacia el mes de mayo del 327, Alejandro ya había concluido los preparativos para su última expedición y había superado los problemas internos. En apenas diez días de marcha alcanzó la ciudad de Alejandría del Cáucaso (norte de Kabul), y aprovechó los suaves días del incipiente verano para atravesar por segunda vez el Hindu Kush. Allí estuvo unos cinco meses, no solo porque debía esperar a la impedimenta, las máquinas de guerra y toda la retaguardia, sino también porque siempre había asuntos urgentes de gobierno que resolver y costosos preparativos que realizar. Uno muy especial era la recluta y adiestramiento de nuevos contingentes de soldados asiáticos que integraban cada vez en mayor número su ejército. Estos nuevos guerreros, venidos de diversas partes del imperio, debían conocer perfectamente las tácticas de combate macedonias para poder resultar más eficaces, y ello requería tiempo y esfuerzos. Durante esta espera, Alejandro envió embajadores a recorrer los territorios de la India que se encontraban bajo soberanía persa. Como nuevo rey de Asia exigió sometimiento a su persona. Muy pocos gobernantes acudieron a la llamada de Alejandro. El más importante de todos fue Taxiles (nombre dinástico), soberano de Taxilia, un reino que se encontraba entre el Indo y el Hidaspes, que solicitó la protección del rey macedonio ante la amenaza de un rey vecino. Esta pobre respuesta le permitió a Alejandro conocer la situación real y la fuerte hostilidad que podía encontrar por delante.

Hacia finales de octubre, antes de que las nieves hicieran penosa la caminata, los macedonios cruzaron el paso de Khyber divididos en dos cuerpos de ejército. El más numeroso, al mando de Hefestión, con la infantería pesada, la impedimenta, las máquinas, etc., se dirigió directamente al Indo por el camino más fácil. Su tarea incluía recolectar provisiones y la construcción de puentes para poder cruzar el gran río cuando fuera conveniente. Alejandro, con tropas móviles y ligeras, se dirigió hacia el norte, hacia las estribaciones del Himalaya, pues en las cuencas del río Choes (Swat) y Kophen (Kabul) se encontraban diversos pueblos hostiles. Alejandro no quería descuidar este flanco, dejando a sus espaldas enemigos peligrosos. La lucha contra los gureos y asacenos le va a ocupar a Alejandro todo el invierno hasta el mes de abril. La experiencia de la guerra en Sogdiana le permitió realizar una campaña rápida y exitosa. Los macedonios fueron ocupando poblado tras poblado, cruzando con pericia difíciles desfiladeros y controlando a una población levantisca y engañosa que se tuvo que rendir ante el empuje de la evidencia.

Sin duda el hecho más relevante fue el asalto a la fortaleza de Aornos (Pir-sar). Se trataba de un punto estratégico ubicado en lo alto de una gigantesca roca plana a 2.134 metros sobre el Indo. El nombre (*a-ornos*) significaba «sin pájaros», pues estaba tan alta en las estribaciones del Himalaya que los pájaros no podían volar sobre ella por falta de oxígeno. La leyenda contaba además que, tras tres intentos, Hércules había fracasado en la conquista del bastión, y por ello se tenía por inexpugnable. Alejandro asumió el reto por orgullo personal, y con ayuda de guías locales encontró un punto adecuado que estaba en un nivel superior al de la fortaleza. Se trataba de un saliente en la roca que hubo de apuntalar y, gracias al esfuerzo titánico de los ingenieros macedonios, se logró levantar una plataforma artificial en la que colocar catapultas. Tras siete días de acoso por parte de los macedonios, las tropas indias allí refugiadas acabaron capitulando. El temor a Alejandro, junto a su fama de invicto, provocó al final que todos estos pueblos se rindieran sin condiciones y pidieran la paz.

Ya entrado el mes de abril, Alejandro descendió en barcos por el cauce del Indo hasta el punto en el que se encontraba el resto del ejército, cerca de Islamabad. Hefestión había cumplido perfectamente el trabajo encomendado y el puente de barcazas estaba casi concluido. Los soldados pudieron descansar un mes más mientras se ultimaban los preparativos. Otra vez volvió a enviar Alejandro embajadores a los reyes locales para que se presentaran ante él como prueba de acatamiento. Algunos lo hicieron y se comprometieron a obedecerle, pero Alejandro no quedó del todo satisfecho por los resultados. El mes de mayo fue el señalado para cruzar el río Indo. Taxiles, el rey de esta zona, le recibió con muestras de amistad y lo acogió en su ciudad, Taxilia (Rawalpindi), encargándose de aprovisionar a todo el ejército macedonio. Allí le contó a Alejandro su difícil relación con su vecino el rey Poros y cómo este le acosaba, queriendo conquistar su reino. Poros gobernaba el territorio más extenso de la zona, que estaba limitado en el oeste por el río Hidaspes (frontera con Taxiles) y en el este por el río Acesines. Alejandro vio en ello una magnífica oportunidad para su conquista, pues le ofrecía la posibilidad de iniciar la guerra con apoyo local, tanto en hombres como en provisiones, información, etc. Además, Poros no se había presentado ante él, por lo que desafiaba abiertamente su autoridad.

Contra el rey Poros Alejandro tendrá que librar una de sus más notables batallas, de una grandeza táctica indiscutible y de una significación que puede estar a la altura de las de Isos o Gaugamela. En el momento de entrar en la India el ejército macedonio ascendía a unos 75.000 hombres. Los éxitos iniciales y el sometimiento de algunos reyes, entre ellos Taxiles, le habían reportado levas suplementarias de indígenas hasta los 45.000 guerreros. Bien podría decirse que en su campaña de la India Alejandro llegó a disponer de unos 120.000 soldados. Poros tenía muchos menos hombres: unos 30.000 infantes y 4.000 jinetes, a los que sumaba 200 elefantes de guerra y unos 300 carros de combate. Él contaba sobre todo con el factor de luchar en terreno propio y no necesitar ir a la busca de Alejandro. Por ello, cuando comprobó que los macedonios se dirigían a su frontera decidió que la mejor táctica sería dificultar el paso del Hidaspes, para que Alejandro, o bien no pudiera cruzarlo, o bien lo hiciera en condiciones de máxima debilidad. El verano estaba a punto de llegar y con él la crecida del nivel de los ríos por el deshielo en el Himalaya, y pronto el monzón agravaría todavía más las operaciones macedonias.

A finales de mayo o principios de junio el ejército macedonio llegó al Hidaspes; Alejandro se hizo cargo rápidamente de su situación. El campamento de Poros podía divisarse claramente en la orilla opuesta y el cruce del río era muy arriesgado por la fuerza de las aguas. Además, si a pesar de todo se decidía a cruzar el río, era imprevisible la reacción de sus caballos ante la presencia de los elefantes de Poros, cuyo solo olor los asustaba profundamente. Alejandro desechó enseguida la solución más fácil: esperar hasta el invierno cuando el río tendría menor caudal y su vado podría hacerse con más éxito. Todos sabían que en el entorno seguían existiendo reyes hostiles que podrían decantarse por Poros y nutrir su ejército con refuerzos de todo tipo. Por ello Alejandro decidió provocar la batalla cuanto antes, y para eso debía de cruzar el río sin que el enemigo se diera cuenta.

Una vez establecido su campamento frente al de Poros, Alejandro recorrió la ribera del río para buscar un paso seguro. A unos 25 kilómetros río arriba encontró una isla boscosa que impedía la vista de una orilla a otra y decidió que por allí cruzaría. Para lograrlo, primero debía de engañar a su enemigo. El rey Poros había establecido unidades de caballería aguas arriba y abajo de su campamento para vigilar los movimientos macedonios y conocer en seguida si estos intentaban el cruce. Alejandro inició entonces un conjunto de operaciones de distracción simulando falsos cruces del río. Poros reaccionó al principio movilizando su ejército pero pronto se cansó al comprobar que no conducían a nada. Cuando Alejandro pensó que el rey enemigo estaba suficientemente confiado, marchó aguas arriba con unos 15.000 soldados, aprovechando los bosques cercanos para ocultar su partida. Crátero, al mando de la fuerza principal, se ocupó de llenar los huecos para que nadie advirtiera la operación.

Según recorría la margen derecha del Hidaspes Alejandro fue repartiendo pequeñas unidades por el río con la instrucción de preparar canoas y balsas con la madera del entorno. Él alcanzó la isla escogida y se preparó a cruzarla con los mismos medios. Aprovechando la oscuridad de la noche, unos 10.000 macedonios lograron pasar a la isla y luego a la orilla opuesta, para descubrir que se encontraban en una segunda isla y no en el punto deseado. Por suerte para ellos, solo tenían delante un estrecho canal que pudieron vadear a pie. Con las luces del amanecer los vigías indios descubrieron el ejército enemigo y partieron a dar la alarma. Alejandro comenzó a descender recogiendo los destacamentos que había dejado en la otra orilla, que tras cruzar el río se unían a su marcha. Poros envió en primer lugar una parte de su caballería, que fue rechazada, mientras movilizaba al grueso de su ejército para ir en busca de Alejandro. Crátero, cuando observó el movimiento en el campamento enemigo, supo que el rey había logrado cruzar y procedió a hacer lo mismo.

Ante lo inevitable de la batalla, Poros se dispuso a librarla sabiendo que en ese momento tendría una notable superioridad frente a Alejandro, que disponía de solo una pequeña parte de su ejército: unos 10.000 infantes y 5.000 jinetes. El despliegue de sus tropas fue muy inteligente ante la previsible y habitual táctica macedonia. Poros suponía que Alejandro ubicaría las falanges en el centro y la caballería a ambos lados, y para contrarrestarlo desplegó su infantería en un largo frente apoyada por los 200 elefantes dispuestos en tramos regulares; la caballería, en fin, reforzada con carros, ocupaba en igual número ambas alas. Poros pretendía lanzar a los elefantes contra la infantería macedonia provocando el caos en sus filas y luego hacer entrar en combate a su infantería y también a la caballería, que rodearía y atacaría por la espalda al enemigo.

Alejandro no se presentó ante los indios con la disposición habitual. Esta vez concentró toda la caballería en el ala derecha y a continuación la infantería de piqueros, sin más apoyos a la izquierda. Sus órdenes fueron precisas y bien ejecutadas. Alejandro estableció que la infantería debía marchar lentamente para

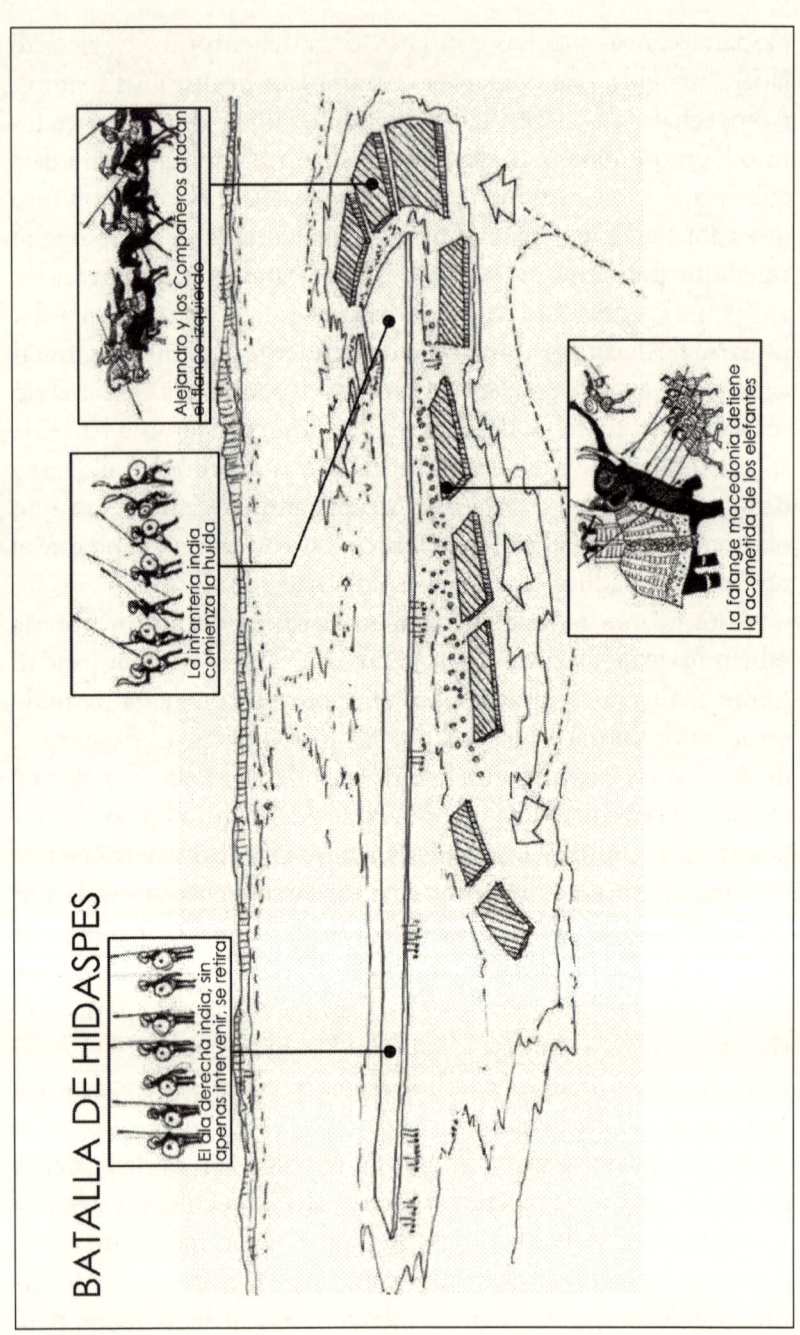

BATALLA DE HIDASPES

Alejandro y los Compañeros atacan el flanco izquierdo

La infantería india comienza la huida

La falange macedonia detiene la acometida de los elefantes

El ala derecha india, sin apenas intervenir, se retira

124

dejar toda la iniciativa a la caballería. Cuando esta se aproximó al enemigo, un nutrido grupo de jinetes al mando de Ceno simuló dirigirse en diagonal hacia el ala derecha enemiga para que la caballería de esta zona no se moviera de su sitio ante la inminencia del ataque. El grueso de los jinetes macedonios atacó duramente el ala izquierda de Poros, logrando apartarla un poco de sus líneas y abriendo un pequeño hueco, que era lo esperado por Ceno. Entonces sus hombres giraron noventa grados agrediendo a la caballería india por la espalda. Alejandro consiguió esta maniobra envolvente en el momento en el que los elefantes atacaban las falanges macedonias. Aquí la batalla fue muy sangrienta por lo bien adiestrados que estaban los elefantes. Sin embargo, pronto se demostró que las sarissas eran un buen instrumento en estas circunstancias. Con ellas los macedonios mataron a la mayoría de los guías de elefantes e hirieron a los animales, que se movían muy lentamente, provocando una estampida. La débil infantería india no tuvo nada que hacer ante los experimentados soldados macedonios. Pronto el ala izquierda de Poros se hundió, confirmando así la derrota de sus tropas.

La celebración de la victoria fue espléndida, como era habitual en Alejandro, recompensando generosamente a sus hombres. También se celebraron los sacrificios habituales y las tradicionales competiciones atléticas. Poros fue perdonado y confirmado en su trono; a partir de entonces ayudará a Alejandro en sus campañas posteriores. Dos ciudades conmemorativas se levantaron a ambos lados del río: Nicea, en la margen izquierda, en el sitio donde había acaecido la batalla del Hidaspes, y Bucéfala en el lugar que fuera el campamento macedonio.

Alejandro había alcanzado con esta victoria los límites de Imperio persa y había recibido el sometimiento de muchos reyezuelos locales; por lo tanto, podía considerarse muy contento de lo conseguido, por culminar tan magníficamente todos sus esfuerzos. Sin embargo él no estaba satisfecho del todo. Él creía que estaba muy cerca del Océano, pues Aristóteles le había enseñado que la

India era una península triangular cuyo vértice se orientaba hacia el este y por lo tanto, cuanto más se avanzaba en esta dirección, más cerca se encontraba del fin del mundo. Su deseo de hallar una salida al mar y poder abrir rutas marítimas hacia Macedonia por el norte y hacia Egipto por el sur le empujaba a mucho más. Por ello, mientras el ejército se recuperaba y se trazaban las nuevas ciudades, decidió ponerse al frente de soldados escogidos, en su mayoría los hipapistas, para realizar una campaña de verano, a la par que descargaban las lluvias monzónicas.

A finales de junio cruzó el Acesines (Chenab) venciendo una resistencia menor y entregando este territorio a la autoridad de Poros. Ya avanzado el verano superó el cruce del Hidraotes, cuarto río del Punjab, conquistando Sangala (Lahore), la ciudad más importante de la zona. Varios príncipes locales se rindieron, presentándose ante Alejandro con espléndidos regalos y pertrechos para sus tropas. En agosto los macedonios llegaron al Hífasis (Beas), abandonando con ello Pakistán para entrar en la actual India. En este punto Alejandro comprendió que sus cálculos eran falsos, pues el Océano no estaba tan próximo como pensaba. En cambio, se enteró por los indígenas que más hacia el este se encontraba otro gran río, el Ganges, en cuyas márgenes se desplegaban enormes y populosas ciudades. La decepción y el desánimo cundieron por todas partes, pues el esperado fin a tantas luchas se desvanecía por momentos. Alejandro, fiel a su carácter intrépido y necesitando una salida al Océano para poder integrar y hacer funcionar su naciente imperio, tomó la decisión de continuar la marcha. Pero, para su sorpresa, los soldados se negaron a obedecer sus órdenes. Altos oficiales le transmitieron al rey la opinión general de que no estaban dispuestos a seguir marchando hacia el este y que deseaban volver a casa.

A Alejandro le disgustó profundamente esta reacción, y en una arenga a sus tropas amenazó con continuar él solo con aquellos que quisieran acompañarle. El rey permaneció tres días en su tienda sin salir, a la espera de un cambio de actitud de sus hombres. Sin embargo, esta nunca llegó: soldados y oficiales persistieron en su rechazo. Alejandro comprendió que no podía presionar mucho más y ordenó la realización de sacrificios para consultar a los dioses; como estos resultaron desfavorables a continuar la marcha, Alejandro tuvo que declarar públicamente que renunciaba a su idea original y que en ese punto iniciaban el regreso a casa. Como es obvio, sus hombres estallaron en gritos de júbilo y de alegría por una noticia que esperaban ansiosamente. De esta manera Alejandro superó una vez más una crisis interna que podría haber tenido insospechadas consecuencias.

Los historiadores han juzgado de manera muy diferente el motín del Hífasis. Por un lado, Alejandro tenía argumentos para seguir avanzando: su deseo de salir al Océano era imperioso, y este no podía estar mucho más allá del Ganges. Pero también sus soldados tenían razones: llevaban ocho años siguiendo a su rey y habían recorrido unos 18.000 kilómetros a pie. Se quejaban de sus heridas, de los vestidos destrozados, de las armas gastadas y dañadas y en especial de la larga ausencia de sus hogares. Es obvio que no se podía estar marchando siempre hacia el este por un puro afán de superación o ambición. El naciente imperio macedónico estaba adquiriendo unas proporciones ingobernables y por lo tanto vivía bajo la amenaza de su colapso: las líneas de comunicaciones eran muy largas, la dispersión de las tropas más que notable, y era un riesgo difícil de asumir. Lo sensato era parar las conquistas, y la sensatez acabó imponiéndose. El retorno a Bucéfala y al punto en el que se encontraba el resto del ejército fue más fácil y rápido, y en el mes de septiembre los macedonios habían logrado reunirse.

2. Camino del mar

La decisión de Alejandro de volver significaba establecer el Indo como frontera oriental de su imperio, en el mismo punto en el que acababa el Imperio persa. Por lo tanto era lógico afianzar militarmente su cauce para defenderlo de ulteriores peligros. A ello había que añadir que Alejandro seguía buscando vías de comunicación. El rey macedonio ya había comprobado que, en contra de lo que había aprendido de Aristóteles, este río no era el curso superior del Nilo, pero sabía que el mar cercano podría conducirle a Persia y merecía la pena explorar espacios no del todo conocidos. Tras confirmar a los reyes locales como súbditos suyos y exigirles tributos y obediencia, concluyó los preparativos de la flota, que ya llevaban varios meses de ejecución.

A finales del mes de octubre del 326 los macedonios se dispusieron a abandonar Bucéfala y descender por el Hidaspes hasta el Indo. En ese tiempo habían llegado hasta allí nuevas tropas procedentes de Europa trayendo medicinas y armas nuevas, lo que había levantado la moral del ejército. La flota, al mando de Nearco, constaba de unos 800 barcos de todo tipo: incluyendo lanchas y balsas para el transporte de los caballos. En el primer barco viajaba Alejandro, flanqueado a pie por Crátero en la orilla derecha, que mandaba la infantería pesada y la impedimenta, y por Hefestión en la orilla izquierda a cargo de los elefantes.

Aunque los primeros días la marcha fue placentera y sin apenas dificultades, no carecía de peligros. Poco después de la desembocadura del Hidaspes en el Acesines los macedonios entraron en el territorio de los malios. Estos eran enemigos de Poros y por lo tanto se esperaba una tenaz resistencia. Alejandro realizó una incursión contra ellos sin darles la oportunidad de organizar la defensa. Gracias a su sorprendente movilidad impidió que sus fuerzas se llegaran a reunir y fue abatiendo ciudad tras ciudad con una gran eficacia.

Sin lugar a dudas el momento más crítico de esta campaña tuvo lugar en la toma de la capital de los malios. Alejandro había llegado hasta ella con pocas tropas, ante la necesidad de rápidos movimientos. En el momento del asalto a la ciudadela, viendo que sus hombres flaqueaban, decidió pasar a primera fila con una escala de madera; con ella y protegido por su escudo alcanzó

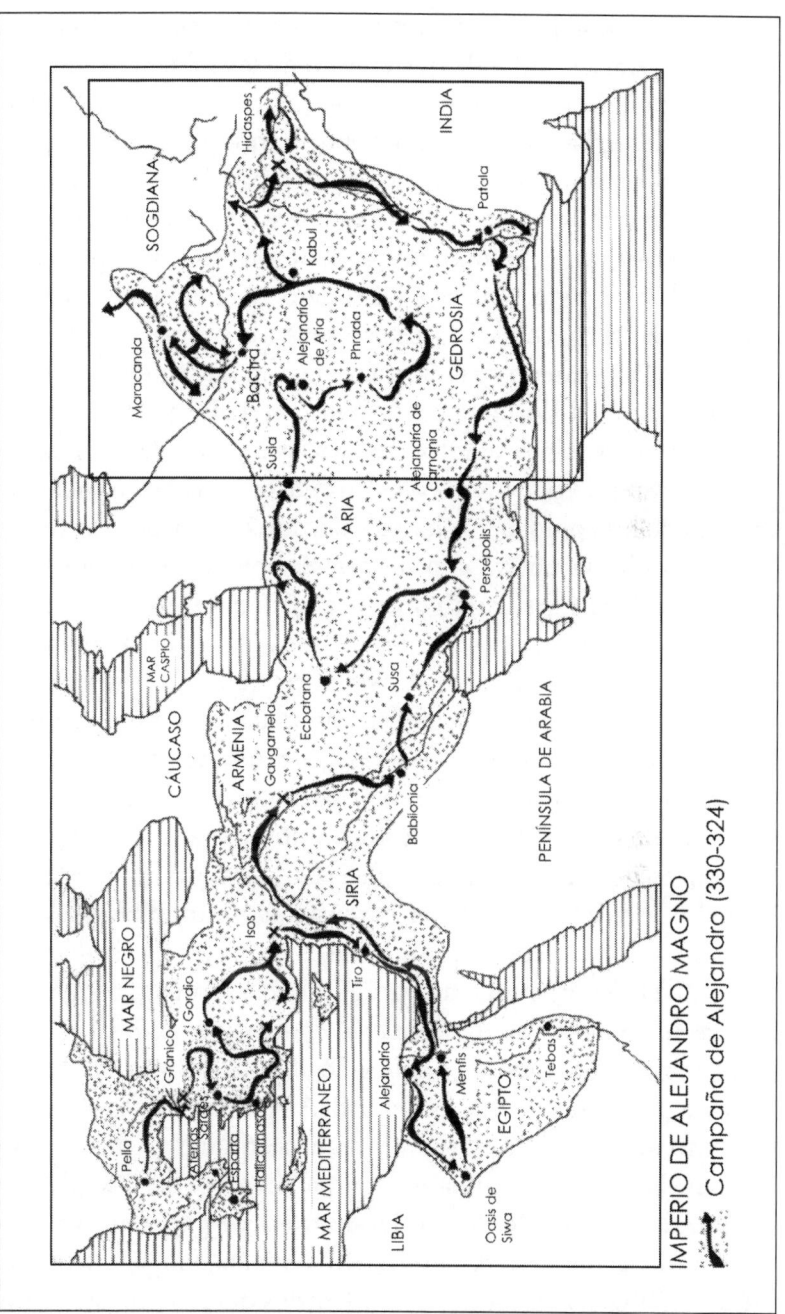

IMPERIO DE ALEJANDRO MAGNO
Campaña de Alejandro (330-324)

lo alto de la muralla. Otros tres hombres le siguieron: Peucetas, Leónato y Abreas, antes de que el resto de los soldados hundiera la escala por el peso acumulado. Los cuatro ofrecían un blanco perfecto desde las torres próximas por lo que Alejandro saltó al patio interior, donde cayó de pie y pudo abatir al jefe de la guarnición. Sin embargo, una flecha cercana le atravesó la armadura y se le incrustó en el pulmón derecho, desmayándose al poco por la pérdida de sangre. Peucetas y Leónato acudieron en su ayuda protegiendo al rey con sus escudos a pesar de sus propias heridas. Abreas murió pronto por el impacto de otra flecha. Los soldados que habían quedado fuera precipitaron el asalto para acudir en ayuda de su rey. Unos clavaron las estacas de la escala en la pared de arcilla y pudieron alzarse con ellas. Otros se subieron sobre los escudos de los compañeros hasta alcanzar las almenas. Un tercer grupo hundió la puerta con un ariete y entró en el patio con enorme violencia, pensando que Alejandro había muerto.

El rey fue trasladado sobre los escudos hasta un barco que lo devolvió al resto de la flota. La hemorragia que sufrió cuando le quitaron la flecha fue terrible. Los soldados supusieron que había muerto y no creyeron a sus generales que afirmaban lo contrario. Alejandro tuvo que salir a la cubierta del barco a pesar de su debilidad y saludar a sus hombres. Estos le recibieron con gritos de júbilo y dieron gracias a los dioses por haberles devuelto a su rey. Cuando el barco atracó e intentaron llevar a Alejandro a su tienda, quiso hacerlo montado a caballo para que todo el ejército pudiera verlo. Al final la recuperación de sus heridas le obligó a guardar cama varias semanas.

El ejército macedonio permaneció el resto del año en la confluencia del Indo con el Acesines. Allí Alejandro recibió el sometimiento de los malios y oxidranos, que se rindieron entregando rehenes. Una estancia tan larga, todo el invierno del 326 al 325, les permitió a los macedonios levantar en ese punto una nueva ciudad que se llamará Alejandría en Opiana. Allí se asentaron unas 10.000 personas, veteranos y heridos del ejército, así como una variada población que acompañaba al ejército. Esta ciudad debía servir como bastión para la defensa y control de esta zona.

Mientras estaba en estas tareas, en los meses de abril y mayo, estalló una revuelta local contra los macedonios dirigida por los brahmanes, una secta religiosa de sacerdotes filósofos de enorme popularidad y que eran magníficos guerreros. Como se trataba de un movimiento de resistencia, se extendió rápidamente entre las tribus locales que se habían rendido a a los macedonios y que ahora se alzaban en armas. La rapidez y resolución de Alejandro hizo fracasar la rebelión, castigando con extrema dureza a sus promotores.

La fundación de la nueva ciudad y las nuevas condiciones de paz le permitieron continuar la marcha hacia el mar. Poco antes de alcanzar el delta del Indo, Alejandro decidió dividir su ejército, pues los éxitos anteriores habían provocado la rendición preventiva de los demás pueblos de la cuenca del río. La infantería pesada, los veteranos, la impedimenta y los elefantes fueron puestos bajo las órdenes de Crátero y enviados por el camino más fácil hacia el oeste, a través de Alejandría de Aracosia (Kandahar). La intención era que alcanzaran Carnania en mejores condiciones y que allí esperaran a Alejandro. El rey con la flota y tropas escogidas continuarían hacia el sur, para explorar con más facilidad esas tierras.

Avanzado el mes de julio el ejército macedonio y la flota alcanzan el delta del Indo. Allí se encontraba la ciudad de Patala, que gozaba de un puerto apropiado para la navegación. La intención de Alejandro era preparar una flota que pudiera reconocer el mar y abrir una ruta que le llevara directamente hasta Mesopotamia. En ese momento ya sabía que la navegación desde el delta hasta el estrecho de Ormuz tenía una enorme antigüedad y que barcos locales transportaban todo tipo de mercancías en dicha dirección. Se trataba pues de explorar una vía marítima que pudiera servir para enriquecer esta parte de su imperio y asegurar su gobierno.

Los preparativos para la construcción de barcos de mayor peso que pudieran afrontar la navegación por mar comenzaron en seguida. Se estableció el mes de octubre como fecha límite para iniciar la expedición, pues con el fin de los monzones la navegación se hacía más apacible. Pero el problema fundamental de esta empresa no estaba en el mar ni en las corrientes, sino en tierra. El tipo de embarcaciones empleadas en esta época eran las triacónteras (tres remeros por fila) y las pentacónteras (cinco remeros por fila), típicas embarcaciones con mucha gente y poco espacio; todo lo opuesto a los barcos modernos, caracterizados por tener mucho espacio y poca gente. La dificultad para transportar alimentos y agua obligaba a las naves a tener que pararse frecuentemente a lo largo del camino. Por regla general un viaje requería recalar cada diez días en busca de nuevas provisiones. Alejandro sabía que el trayecto hasta el estrecho de Ormuz corría paralelo al desierto de Gedrosia, la actual Beluchistán. La hostilidad de estas gentes, la pobreza del lugar y la escasez de medios podían provocar que la expedición naval fuera un desastre y sus protagonistas murieran de hambre y de sed. Por eso el plan de Alejandro consistía en avanzar conjuntamente por tierra y proveer de alimentos a la flota.

3. El retorno del rey

Alejandro quería partir antes que la flota para buscar pozos con antelación y hacer acopio de víveres, comprándolos u obteniéndolos por la fuerza. A mediados de septiembre del 325 se puso en marcha y entró en Gedrosia, zona atrasada, con escasa población que malvivía en medio de su pobreza. Con fuerzas rápidas y móviles Alejandro acabó con toda resistencia local, mientras que Hefestión, algo más atrás, se encargaba de cavar pozos y de diversas tareas de fortificación, que servirían en su momento a la flota. En el territorio de los oretos fundó una nueva ciudad: Alejandría de Rambakia (Bela), para asegurar el camino que estaba abriendo.

El peor momento llegó inmediatamente después de Rambakia y duró hasta la frontera de Carnania. Se trataba de una marcha de sesenta días, de mediados de octubre a mediados de diciembre, en la que todas las penalidades se abatieron sobre los hombres de Alejandro. Gedrosia era esencialmente un desierto. La marcha se hacía de noche para evitar las altas temperaturas diurnas. La escasez de alimentos y de agua era notable. Lo poco que se encontraba quedaba destinado a la flota y se transportaba hasta la costa. Pronto los soldados comenzaron a matar a los animales de tiro para comérselos, y empleaban la madera de los carros para hacer fuego. El camino que transitaban se llenó de objetos abandonados que no podían ser transportados. Los heridos y los débiles quedaban a su suerte, y morían solos en medio de sus penalidades. Cuando toda esperanza parecía ya desvanecerse, los macedonios alcanzaron Alejandría de Carnania, donde les estaba esperando Crátero con el ejército que se había separado en el Indo. Solo la fuerza, el aguante y la disciplina de los macedonios permitieron que la expedición terrestre no acabara en una profunda desgracia.

Cuando todavía no se habían recuperado de tanto esfuerzo, Alejandro recibió la noticia de que Nearco había desembarcado en el estrecho de Ormuz y se encontraba muy próximo. Cogió el primer caballo y se dirigió al encuentro de su amigo, pensando que era el único superviviente de un seguro fracaso. Sin embargo, pronto fue informado de que la flota estaba a salvo y solo había que lamentar algunas pocas víctimas. Al parecer Nearco aceleró la partida por la hostilidad de los nativos y tuvo que internarse en mar abierto antes de que los monzones descargaran toda su fuerza. El estado de la mar provocó que en varios momentos no pudieran acercarse a la costa en busca de alimentos y que también el oleaje causara daños en las embarcaciones. La necesidad de reparar los desperfectos y de dar descanso a los hombres obligó a un retraso mayor del esperado. La flota sobrevivió gracias al agua y a los alimentos que Alejandro tuvo la precaución de disponer a lo largo de su ruta, a pesar de que él también los necesitaba. Tanto sacrificio había valido la pena, ante las posibilidades de navegación y comercio que se abrían entre Mesopotamia y la India.

Ya a un ritmo más tranquilo, Alejandro envió el ejército y la flota hacia Susa, capital administrativa del Imperio persa, mientras él se detenía unas semanas en Pasagarda para resolver algunas cuestiones de la administración del imperio. En cuanto pudo, posiblemente ya en el mes de abril, se reunió con todo el ejército en Susa para celebrar conjuntamente todo lo conseguido ya entrada la primavera del 324.

Las fiestas de Susa fueron extraordinarias: había tantas victorias que celebrar que faltaban días para ello. Allí mismo Alejandro decidió hacer un experimento: noventa de sus compañeros (*hetairoi*) tomaron como esposas a hijas de prominentes nobles persas. Él mismo dio ejemplo casándose con Estateira, hija de Darío, y con Parisatis, hija de anterior monarca Artajerjes III Ocos, uniendo en él las dos ramas más importantes de la familia Aqueménida. Para Hefestión escogió a Dripetis, la hermana de Estateira y por tanto también hija de Darío III. Con este acto se estaba dando un paso más en el gran objetivo de Alejandro: ser realmente el rey de Asia. Desde el inicio de su gran conquista, casi diez años atrás, en la mente de Alejandro había ido tomando forma la idea de que él no podía ser un simple rey macedonio en campaña estival, ni tampoco el líder de una liga griega organizada para castigar a los persas. Él tenía sueños mayores, forjados en la lectura de la historia, la ética y la política. Quería ser el rey de todos sus súbditos y crear un imperio en el que todos pudieran sentirse en la misma condición. Las medidas tomadas hasta ahora habían facilitado el proceso. Pero tenía aún un problema que solucionar: ¿entenderían sus hombres esta grandiosa idea?, ¿serían responsables de lo que estaban viviendo o se sentían ante todo macedonios saqueadores de un imperio moribundo? Nada sería viable si no se superaba la vieja rivalidad entre Europa y Asia, que tantas luchas había provocado a lo largo de la Historia y que seguía presente en la cabeza de los suyos.

Estas bodas colectivas buscaban generar una armonía entre los suyos. Al escoger a noventa miembros de la caballería de los Compañeros, todos ellos macedonios destacados, estaba intentando arraigarlos en Asia y que tuvieran más motivos para quedarse y no regresar al hogar. A la par, ello también conduciría a crear a largo plazo una nueva aristocracia gobernante, salida de estas uniones mixtas, y que en el futuro gobernaría el reino en mejores condiciones: sintiéndose tanto macedonios como asiáticos. Por último, Alejandro regularizó legalmente las uniones de hecho de miles de soldados suyos que en los años de campaña habían tomado esposas entre la población local y habían tenido hijos con ellas: a cada pareja el rey les regaló un valioso presente. Siendo fiel a su costumbre, no regateó el entregar tierras, recompensas, mandos, etc., a los que secundaran sus planes. Sus esfuerzos pronto dieron fruto, pues muchos de estos hombres renunciaron a sus casas y a sus propiedades en Macedonia ante la perspectiva de mayores riquezas junto al rey.

Sin embargo, todo pareció tambalearse el verano del 324. El ejército había sido acuartelado en la ciudad de Opis, al noreste de Babilonia, y habían sido designados unos diez mil macedonios, que iban a ser licenciados y transportados de vuelta a casa. Mientras tanto, llegaron al campamento 30.000 nuevos soldados de origen asiático, pero armados y entrenados al modo macedonio, e incluso organizados en unidades que portaban nombres tradicionales de Macedonia. En particular, 1.000 persas habían recibido una preparación superior para actuar como guardia personal, y los jinetes de las satrapías orientales formaban grupos de élite que fueron integrados dentro de la caballería de los Compañeros. Este proceso de integración disgustó enormemente a los macedonios, pues pensaron que ya no eran necesarios y que el rey quería librarse de su presencia. Le reprocharon a Alejandro que con su esfuerzo había logrado un imperio y ahora prescindía de ellos. Que el rey estaba descontento de sus pasadas resistencias y que con estos soldados forzaba la situación para controlar mejor sus efectivos.

Una vez más Alejandro hubo de usar todo su carisma y sus dotes de liderazgo para salvar la situación. Apeló a la responsabilidad de los macedonios; al amor y compromiso que profesaba a cada uno de ellos; a las heridas recibidas en su cuerpo, exactamente iguales a las que ellos tenían. Afirmó que el rey macedonio siempre decía la verdad y que no estaba engañándoles de ningún modo. Aclaró que, si bien licenciaba a los que tenían más años, a los heridos y lisiados, aquellos que no quisieran volver a casa podrían quedarse para seguir luchando a su lado. Al final los soldados macedonios quedaron conmovidos por las palabras de su rey, pidieron perdón y juraron que nunca más lo abandonarían. Alejandro olvidó esta insubordinación, disculpando que no comprendiesen del todo lo que para él era completamente evidente.

9. ALEJANDRO MAGNO

1. La última batalla

Tras haber superado la delicada crisis con sus veteranos, Alejandro pudo continuar camino hacia Ecbatana. La antigua ciudad de los medos se convirtió en la residencia del rey durante todo el invierno del 324 al 323. Alejandro no tenía intención de convertirla en la capital de su imperio; posiblemente ya había escogido Babilonia para tal fin. A pesar de que Ecbatana se hallaba muy bien ubicada, prácticamente equidistante de los puntos centrales del nuevo imperio macedonio y por lo tanto era una magnífica candidata para transformarse en sede del gobierno central, tenía en su contra la realidad de la escasa población que vivía en su entorno. Las ciudades y los territorios más poblados se encontraban en Mesopotamia, en la cuenca del Tigris y Éufrates, y en consecuencia una administración que quisiera ser eficiente debía localizarse lo más cerca posible de ellos.

Los meses que pasó Alejandro en Ecbatana fueron frenéticos. El rey puso a trabajar a sus colaboradores en la preparación de nuevas campañas. Se enviaron exploradores hacia Armenia en busca de minas de plata; se comenzó a construir una flota en el mar Caspio para su exploración y con el fin de averiguar de una vez por todas si había alguna comunicación con el mar Negro. Los preparativos para la conquista de la península de Arabia se aceleraron con la construcción de una poderosa flota. Desde Fenicia se transportaron por tierra hasta Tápsaco una gran cantidad de barcos desmontados, que fueron ensamblados en el Éufrates para descender por el río hasta el Golfo Pérsico. El propio Alejandro realizó una campaña de invierno contra los coseos (casitas), un pueblo de ladrones que vivían en los montes Zagros, a medio camino entre Susa y Ecbatana. Era un pueblo montañoso con notable autonomía, que vivía especialmente de los regalos que los reyes persas les entregaban para mantener abierto el tránsito por su territorio. Esta situación no podía consentirse y Alejandro destruyó a una buena parte de estas gentes, obligando a los supervivientes a vivir en enclaves urbanos que los hicieran más controlables y favorecieran su evolución cultural.

En medio de tanta actividad tuvo lugar un hecho muy doloroso para Alejandro: la muerte de su amigo Hefestión. Las fuentes no han sido muy generosas en aportar información sobre las causas del fallecimiento, atribuyéndolo simplemente al alcohol. Parece que en los días anteriores había discutido acaloradamente con Eumenes, pero nada sabemos de las circunstancias concretas. El único dato seguro es que Alejandro lamentó profundamente su desaparición, pues Hefestión representaba para él lo que Patroclo para Aquiles: un amigo y un compañero de armas. Alejandro le honró con funerales espléndidos: ordenó la construcción de un riquísimo monumento funerario en Babilonia, sacrificios valiosísimos en su memoria, culto heroico a su persona en Atenas, etc.

Concluida su estancia en Ecbatana, Alejandro regresó a Babilonia hacia el mes de abril del 323. Da toda la impresión de que quería convertirla en capital de su imperio. Al parecer el calor no le asustaba, pues se contaba entonces que las serpientes no cruzaban los caminos al mediodía para no abrasarse a la mitad.

Alejandro habitó el palacio de Nabucodonosor entre la puerta de Isthar y el canal del Éufrates. Hasta allí llegaron embajadas de todo el mundo a rendir pleitesía a Alejandro, portando coronas de oro para el rey y todo tipo de regalos. Embajadores del Danubio, de Etiopía, de las lejanas columnas de Hércules, de ciudades griegas de Italia; etruscos, cartagineses e incluso, según la leyenda, también romanos se llegaron hasta Babilonia para reconocer las glorias y la fama de Alejandro.

A finales de mayo el rey se sintió enfermo. La fiebre fue aumentando con rapidez, seguida de un progresivo deterioro de su salud. Por los síntomas parece que Alejandro contrajo la malaria, posiblemente cuando inspeccionaba los canales de la ciudad de Babilonia. Su objetivo inmediato era la conquista de Arabia. Un fuerte ejército tenía que marchar a pie para conquistar la costa de la Península, mientras él, al frente de tropas de élite, viajaría con la flota en apoyo de las fuerzas principales. Sin embargo nada de esto llegó a realizarse. La noticia del estado del rey se fue extendiendo, sembrando el desasosiego. Los oficiales macedonios fueron desfilando ante su cama desde la que Alejandro los saludaba con su mirada. La agonía del monarca duró unos diez días, hasta que el 10 de junio falleció con apenas treinta y tres años de vida.

La última gran derrota de Alejandro fue no decidir sobre la cuestión de su sucesor. No siguió los consejos que muchos de sus generales le hicieron, especialmente Antípatro y Parmenión, de engendrar un hijo antes de abandonar Macedonia. También evitó este problema en otros momentos posteriores, hasta tal punto de no llegar a resolverlo nunca. Sobre sus generales recayó la decisión de escoger entre su hermanastro Arrideo y su hijo nonato fruto del matrimonio con Roxana. Para agravar la situación, Alejandro no había establecido un orden jerárquico ni una clara escala de mando entre sus generales. Tras la muerte de Parmenión y Filotas, el rey había tratado de evitar nombrar a un segundo que acumulara auténtico poder y prestigio. Ante el temor a una conjura, Alejandro prefirió no delegar su autoridad, quizás salvo el caso de Hefestión, cambiando frecuentemente los mandos en función de las circunstancias del momento. Por ello, a la hora de su muerte no existía nadie que pudiera recoger claramente la herencia de Alejandro y mantener unido su imperio. Muchos de sus más próximos generales, siguiendo la vieja tradición macedonia, pensaron que tenían méritos suficientes para suceder al rey y se aprestaron a recoger la herencia. Probablemente Alejandro perdió su última y más importante batalla: la de dar continuidad a una gigantesca y asombrosa creación política.

2. Un hombre para la eternidad

No es nada fácil trazar una descripción acertada de cómo fue realmente Alejandro. No se ha conservado ningún retrato ni ninguna escultura de la que podamos asegurar que era un fiel reflejo del rey. Salvo por las monedas, cuya precisión es escasa, no se ha conservado nada auténticamente coetáneo. La mayor parte de las imágenes existentes son copias muy posteriores, bien del periodo helenístico o bien de época romana. El problema radica en que muchos de los originales que tallaron el rostro de Alejandro directamente, no tuvieron la calidad suficiente para imponer una imagen única; por ello, los copistas posteriores prefirieron mejorar muchos aspectos de la imagen, idealizando los rasgos del rey hasta volverlo irreconocible. Las épocas posteriores difundieron dos modelos básicos de Alejandro, que se convirtieron en canónicos, y que los estudiosos del arte han logrado atribuir a un original de Lisipo, el de mejor calidad, y el segundo a Leócrates, más débil y peor trazado.

Un hecho semejante se ha dado también con la descripción de su personalidad o de los rasgos de su carácter. Ni de la época de Alejandro, ni de la inmediatamente posterior, se conoce un libro o un escrito que describiera sin pasión y correctamente los hechos de Alejandro. Por desgracia muchas de sus motivaciones, las razones últimas de tantas actuaciones, o el por qué de tal o cual acontecimiento, siguen estando en la sombra irremediablemente. Tras la muerte del monarca surgió una profunda polémica en torno a cómo interpretar su vida y sus hechos militares. Podría decirse que el primer juicio de sus coetáneos fue muy negativo. Los filósofos del momento, y especialmente los discípulos de Aristóteles (muerto el 322), le tuvieron como un déspota y un arrogante, cuyas victorias se debieron a la buena suerte más que a su capacidad militar, y causante de miles de muertes de tantas gentes que sucumbieron a sus ansias de conquista. Frente a estos pensadores se alzaron pronto otros, especialmente de las escuelas estoicas y cínicas, que alabaron en Alejandro la creación de un nuevo mundo de mayor libertad y movilidad. De un espacio de unidad en el que se habían superado los límites de la polis y se habían creado imperios que velaban por los ciudadanos, sin distinción de raza ni de lengua.

La imagen general de Alejandro mejoró notablemente en la época romana. En el siglo segundo antes de Cristo nació un proceso que recibió el nombre de *imitatio Alexandri*: el rey se convirtió en un modelo completo de actuación para muchos generales romanos, como Escipión el Africano, Pompeyo o César, que aprendieron de él cómo comportarse en la política y en el campo de batalla. Será con los emperadores romanos cuando la figura de Alejandro alcance una enorme popularidad y su vida y sus hechos sean demandados por ávidos lectores que devoraban las gestas del rey. Es precisamente de esta época, del siglo primero y segundo, cuando fueron escritas las mejores biografías de Alejandro: Curcio Rufo, Plutarco o Arriano.

La investigación histórica también ha tenido sus dificultades para fijar una imagen precisa del rey macedonio. A lo largo del siglo XIX los historiadores se enfrentaron en función de las fuentes que leían. Para unos Alejandro fue un ladrón y un falsario, que sacrificó sin misericordia la sangre de los suyos en un loco

afán de conquista; un enérgico y vengativo rey que no duda-
ba en asesinar a traición a sus mejores amigos cuando lo creía
necesario para alcanzar sus objetivos. Para otros, el rey fue un
auténtico héroe, un incomparable general que trajo riquezas,
bienestar y desarrollo a los suyos. A partir del siglo XX la discusión se ha serenado mucho más y hoy en día se valora enormemente la labor de Alejandro. Especialmente se le tiene como el
creador de un nuevo espacio cultural, el que logró hacer desaparecer muchas barreras y fronteras de enemistad hasta unir a
pueblos que habían vivido de espaldas. Alejandro tenía la idea
de un imperio universal en el que pudieran convivir en igualdad personas enormemente distintas; un espacio que superara la
raquítica ciudad-estado por nuevas fórmulas políticas más pen-
dientes de la persona que de las instituciones.

Lo que ninguna de las fuentes, tanto favorables como ad-
versas, han podido negar de Alejandro es la atracción que sus-
citaba entre los suyos y sus enormes dotes como general. A
lo largo de su vida contó con numerosos amigos. Tenía un
círculo muy estrecho de aquellos que eran más que simples
colaboradores. Este círculo de amigos de verdad nunca se rom-
pió a pesar de los malos momentos. Siempre se preocupaba
por la suerte de los suyos: conocía el nombre de muchos soldados, acudía a visitarlos tras la batalla para interesarse por sus
heridas, los atendía en sus necesidades económicas, etc. Sus
hombres se sentían orgullosos de su rey y estaban dispuestos a
los mayores sacrificios si él se lo pedía.

Sus dotes militares eran insuperables. Él recibió una notable
herencia de Epaminondas y de su padre, a los que les debía las
tácticas en orden oblicuo o el uso combinado de la infantería y
de la caballería. Pero él llevó estas enseñanzas más allá de lo que
lo habían hecho sus predecesores. Tenía una capacidad única
de improvisación y de sangre fría; se adaptaba al terreno y a
las circunstancias como ninguno, y conseguía sacarle partido
a una situación de inferioridad para trasformarla en una ventaja.

Su rapidez fulminante sorprendía a sus enemigos hasta dejarlos desarmados e inermes. Su fama de imbatible le precedía, librando por él buena parte de las batallas.

Sin embargo no todo fueron guerras victoriosas, pues la labor de Alejandro fue principalmente política. Aunque él realmente no tuvo tiempo de desplegar todo su pensamiento por su pronta muerte, los años de conquista mostraron que tenía objetivos claros y sabía exactamente a dónde quería llegar. Alejandro comprendió que el viejo mundo de la polis griega estaba completamente agotado. La ciudad-estado suponía un horizonte corto para sus habitantes y generaba un mundo de tensiones y de guerras que no permitían a los griegos desarrollarse con plenitud. Su comportamiento con los asiáticos, su deseo de integración, el compartir el gobierno con las aristocracias locales y, sobre todo, la escasa voluntad de volver a Macedonia, muestran que Alejandro había cambiado de mentalidad. Lo que él buscaba era lo que hicieron sus sucesores: la creación de un estado centralizado en el que se asociaban macedonios y asiáticos.

Alejandro creía en un mundo sin fronteras; donde los individuos pudieran transitar libremente, sin tener en cuenta su raza o su lengua. Las energías que gastó para abrir nuevas rutas terrestres y marítimas tenían como finalidad hacer posible este sueño. Sabía que el comercio y las comunicaciones enriquecían a todos, y la gran consecuencia de sus guerras fue el crecimiento económico. Todo el Mediterráneo oriental se transformó con Alejandro: en primer lugar las ciudades griegas de Asia Menor, pero también Siria, Egipto o Mesopotamia. En el interior de Irán las ciudades por él fundadas se convirtieron en centros de expansión económica y cultural. Entre la población indígena tan alejada se difundió la cultura griega con una naturalidad que siempre ha sorprendido a los especialistas.

Miles y miles de personas, que malvivían en la península griega, encontraron en los nuevos reinos creados por Alejandro una oportunidad para recomenzar. Con ellos llevaron su lengua, su literatura, su arte y todo aquello de lo que eran capaces. El resultado fue una nueva época que los estudiosos han llamado helenística, en la que la civilización griega alcanzó su máximo desarrollo y se difundió en nuevas formas, en las que lo asiático jugaba un papel más que notable.

CRONOLOGÍA DE ALEJANDRO MAGNO

356: Nacimiento de Alejandro Magno
340: Regencia sobre Macedonia por ausencia de Filipo
338: Batalla de Queronea (primeros días de agosto)
336: Alejandro es proclamado rey (junio)
La Liga de Corinto reconoce a Alejandro como *hegemon* (otoño)

335: Campaña contra los tríbalos (primavera)
Derrota de los getas en el Danubio (primavera)
Victoria sobre los ilirios (verano)
Rebelión y destrucción de Tebas (octubre)
Reunión de la Liga de Corinto (octubre)

334: El ejército grecomacedonio se reúne en Anfípolis (marzo)
Alejandro cruza los Estrechos (abril)
Visita a la ciudad de Troya (abril)
Victoria sobre los persas en la batalla de Gránico (finales de mayo)
Conquista de Mileto (verano)
Asedio de Halicarnaso (invierno)
Parmenión conquista Frigia (invierno)

333: Alejandro conquista Caria, Licia y Panfilia (enero-marzo)
Traición de Alejandro el Lincestas (marzo)
Nudo Gordiano (abril)
Contraataque de la flota persa. Muere Memnon (junio)
Avance hacia Ancara, ocupación de Panflagonia y
Capadocia (verano)
Alejandro cae enfermo en Tarso (agosto-septiembre)
Conquista de Cilicia (octubre)
Batalla de Isos (comienzos de noviembre)
Ocupación de Damasco, Trípoli y Sidón
(noviembre-diciembre)

332: Asedio de Tiro (enero-agosto)
Asedio de Gaza (septiembre-noviembre)
Alejandro entra en Egipto (diciembre)

331: Alejandro es proclamado faraón (enero)
Fundación de Alejandría (enero)
Visita al templo de Amón en Siwa (febrero)
Alejandro abandona Egipto (mayo)
Estancia en Fenicia y Siria (mayo-agosto)
El ejército macedonio cruza el Éufrates en Tápsaco
(agosto)
Eclipse de luna (20-21 de septiembre)
Batalla de Gaugamela (1 de octubre)
Revuelta de Agis III rey de Esparta en Grecia (inicios de
octubre)
Ocupación de Babilonia y Susa (noviembre-diciembre)

330: Alejandro conquista Persia (febrero-mayo)
Antípatro derrota a Agis III en Grecia (abril)
Incendio de Persépolis (mayo)
Alejandro marcha hacia Ecbatana (mayo)
Se inicia la persecución de Darío (mayo-junio)
Darío III muere asesinado (julio)

Alejandro conquista Zadracarta en el Mar Caspio (agosto)
Levantamiento de Satibarzane (septiembre)
Fundación de Alejandría de Aria (Herat) (septiembre)
Los macedonios llegan a Drangiana (octubre)
Conjuración de Filotas y muerte de Parmenión (octubre)
Fundación de Alejandría de Aracosia (Kandahar) (diciembre)

329: Fundación de Alejandría del Cáucaso (cerca de Kabul) (enero)
Alejandro entra en Barctria persiguiendo a Beso (abril)
El ejército macedonio cruza el Oxo (Amu Daria) (verano)
Beso es hecho prisionero (verano)
Alejandro ocupa Maracanda (Samarcanda) (verano)
Alejandro es herido varias veces (verano)
Fundación de Alejandría Escate (Khodjend) (verano)
El ejército cruza el Jaxartes (Sir Daria) y entra en Kazajstan (otoño)
Batalla contra los escitas (otoño)
El ejército macedonio pasa el invierno en Bactra (invierno)

328: Guerra contra los escitas de Epitámenes (primavera-otoño)
Fundación de Alejandría Margiana (Merv) (verano)
Muerte de Clito en Samarcanda (otoño)
Alejandro pasa el invierno en Nautaca (invierno)

327: Asalto a la roca Sogdiana (primavera)
Conquista de las últimas fortalezas (primavera)
Alejandro se casa con Roxana (primavera)
Concentración de las tropas en Bactra (primavera)
Conspiración de los pajes (primavera)
El ejército macedonio cruza el Hidu Kush (junio)
Estancia en Alejandría del Cáucaso (verano)

Los macedonios entran en la India (octubre)
Campaña contra los gureos (noviembre-diciembre)

326: Conquista de la fortaleza de Aormo (Pir-Sar)
(febrero-marzo)
El ejército se congrega para cruzar el Indo (abril)
Los macedonios cruzan el Indo (mayo)
Victoria de Alejandro en la batalla del Hidaspes (junio)
Marcha hacia el río Hífasis (agosto)
Regreso a Nicea y Bucéfala (septiembre)
El ejército desciende el Hidaspes hacia el Indo (octubre)
Alejandro cae gravemente herido (noviembre)

325: Fundación de Alejandría en Opiana (enero-febrero)
El ejército continúa el viaje por el Indo (marzo)
Revuelta de los brahmanes (abril-mayo)
Crátero se separa de Alejandro (junio)
El ejército alcanza el delta del Indo (julio)
Alejandro entra en Gedrosia (septiembre)
Fundación de Alejandría de Rambakia (Bela) (octubre)
Encuentro con Crátero en Alejandría de Carnania
(diciembre)

324: Nearco cruza el estrecho de Ormuz y alcanza a Alejandro
en Carnania (enero)
Alejandro visita Pasagarda (febrero)
Reunión del ejército en Susa (marzo-abril)
Bodas colectivas (abril)
Rebelión de Opis (verano)
Alejandro se establece en Ecbatana (otoño)
Muerte de Hefestión (otoño)
Campaña contra los coseos (invierno)

323: Alejandro regresa a Babilonia (abril)
Preparativos para la campaña de Arabia (mayo)
Alejandro muere en Babilonia (10 de junio)